歇后语

蒋筱波·编

陕西新华出版 三秦出版社

图书在版编目（CIP）数据

歇后语 / 蒋筱波编 . -- 2 版 . -- 西安：三秦出版社，2008.04（2024.1 重印）
（国学百部文库）
ISBN 978-7-80628-489-6

Ⅰ．①歇… Ⅱ．①蒋… Ⅲ．①汉语－歇后语－汇编 Ⅳ．① H136.3

中国版本图书馆 CIP 数据核字（2008）第 036251 号

书　　名	歇后语
作　　者	蒋筱波 编
责　　编	马静怡
封面设计	新华智品

出版发行	三秦出版社
社　　址	西安市雁塔区曲江新区登高路 1388 号
电　　话	（029）81205236
邮政编码	710061
印　　刷	北京一鑫印务有限责任公司
开　　本	680×1020　1/16
印　　张	9
字　　数	85 千字
版　　次	2008 年 4 月第 2 版
印　　次	2024 年 1 月第 2 次印刷
标准书号	ISBN 978-7-80628-489-6

定　　价	39.80 元
网　　址	http://www.sqcbs.cn

前　言

　　歇后语作为汉语语汇的重要组成部分，以它特有的生动活泼、妙趣横生而为群众所喜闻乐见。歇后语都是由两个部分组成的，前一部分起"引子"的作用，从中引出后一部分；后一部分含有对前一部分注释、说明的作用。

　　歇后语是一种具有生活气息、富有表现力的语汇。不仅流行在口头上，而且被大量吸收到书面语言，特别是文学作品里来。这些歇后语，经过作家的提炼、加工，使规范性和艺术性较好地统一起来，是歇后语语汇中的精华。

　　因此，我们尽可能从文学作品，特别是优秀的文学作品中选收歇后语及其用例并加以解释，以便读者从作家运用歇后语的语言实践中，进一步理解歇后语的语义，同时体验歇后语的用法。

　　歇后语语汇浩如烟海。本书把"通用"作为选收词目的标准。全部词目都选自现代作品。古代、近代作品里出现的歇后语，现代不用的一律不收。流行地区狭窄的方言性很强的歇后语，以及内容庸俗低级的歇后语，一律不收。

　　由于水平有限，不足之处敬请谅解，并欢迎批评、指正，以利于我们进步。

编　者

2008 年 8 月

歇后语

目 录

A	1
B	3
C	10
D	29
E	49
F	51
G	56
H	68
J	81
K	89
L	95
M	103
N	107
P	110
Q	112
R	117
S	118
T	122
W	127
X	130
Y	134
Z	135

歇后语

A

阿斗的江山——白送

【释义】 指把某种利益白白地让给别人,不要任何代价。

【例句】 说到底,这还不是阿斗的江山——白送,你知足吧,别得了便宜还卖乖。(雪川《42号车站》)

阿姨哄孩子——不是自己的

【释义】 阿姨:指保育员或保姆。指东西虽然宝贵,但不属于自己。

【例句】 他家解放前是佃农,那时家里打下的粮食不少,只是阿姨哄孩子——不是自己的;一交了租,就剩不下几粒了。

挨刀的瘟鸡——扑腾不了几下

【释义】 瘟鸡:得了急性传染病的鸡。扑腾:跳动,挣扎。指面临死亡,挣扎不了多久。

【例句】 陆伯伯眉开眼笑地说:"小丫头,怕什么?听东升叔讲,我们很快就要大反攻,敌人是挨刀的瘟鸡——扑腾不了几下啦。"

挨揍打呼噜——假装不知道

【释义】 指迫于某种压力,故意装糊涂,其实什么都知道。

【例句】 这件事他心里清清楚楚,只是为了避嫌,挨揍打呼噜——假装不知道。

矮子踩高跷——猛长一截

【释义】 高跷：一种民间舞蹈，表演者踩着有脚踏板的木棍，边走边表演。本指矮子身短，一踩上高跷，就好像猛长了很多；形容提高迅速。

【例句】 几天不见，一贯沉默寡言的刘一水突然能说会道起来，真是矮子踩高跷——猛长一截。（麦冬《腊月纪事》）

矮子里面挑将军——短中取长

【释义】 矮子里本来就没有身材魁梧的，只好勉强挑选；指在都不符合条件的情况下，选择条件相对较好的。

【例句】 经理要挑选人去培训，但都不够格，只好矮子里面挑将军——短中取长。

矮子骑高马——上下两难

【释义】 难：词义双关，既指费事，又指感到困难。比喻某事干还是不干都有难处。

【例句】 这本来是件得罪人的事，我实在不想去干，可不干又不行，真叫我矮子骑高马——上下两难。

矮子看戏——别人说好，他也说好

【释义】 乡下看戏，多为露天搭戏台，观众站在台前看表演。矮子个子不高，站在人群中看不见台上的表演，人家说好他也跟着说好。讽刺随声附和、人云亦云的人。

【例句】 你说他是精明人，我却觉得他一点主见也没有，矮子看戏——别人说好，他也说好，不信你注意观察观察。（麦冬《腊月纪事》）

按倒葫芦起了瓢——顾了这头儿顾不上那头儿

【释义】 瓢：用剖分的葫芦做成的舀水工具。比喻解决一个矛盾的同时，又出现了新的矛盾，两头儿不好同时兼顾。

【例句】 他刚到这个亏损企业主持工作，车间的问题还没完，销售又出了问题。真是按倒葫芦起了瓢——顾了这头儿顾不上那头儿。

B

八百亩地的一棵苗——独生
【释义】 生：本指生长，此指生育。比喻独生子女。
【例句】 什么时候娘也得听闺女的，何况她又是八百亩地的一棵苗——独生。（韩映山《塘水清了》）

八个麻雀抬轿——担不起
【释义】 比喻人承当不起某种任务或责任等。
【例句】 我从来没有教过你，你叫我老师，我可是八个麻雀抬轿——担不起！

八哥儿啄柿子——拣软的
【释义】 软：原指柔软，实指软弱。指拣软弱的人欺负。
【例句】 实娃子无意中拣了一把斧头，心里怪美气的，心想这回吴老财再也不敢八哥儿啄柿子——拣软的欺了，他要是还敢那样，就劈了他！

八十里不换肩——抬杠好手
【释义】 抬杠：指无谓的争辩。讥讽惯于跟人作无谓争辩的人。
【例句】 这也不对，那也不对，你可真是八十里不换肩——抬杠好手。（麦冬《腊月纪事》）

八十岁的老太太打哈欠——一望无涯（牙）
【释义】 "牙"与"涯"音同相谐。形容极其辽阔，一眼看不到边际。
【例句】 他望着无边无际的大草原，忍不住赞叹说："嚄！这儿可真是八十岁的老太太打哈欠——一望无牙（涯）呀！"

八十岁演员扮孩子——返老还童
【释义】 比喻老年人又恢复青春。
【例句】 几年不见，你爸爸不但模样没变，而且好像八十岁演员扮孩子——返老还童啦。

歇后语

八仙过海——各显神通

【释义】 八仙：传说中的汉钟离、张果老、吕洞宾、李铁拐、韩湘子、曹国舅、蓝采和、何仙姑八位仙人。神通：超常的本事。比喻每个人都施展出自己的本领。

【例句】 开发大西北，是我们科技人员八仙过海——各显神通的大好机会，谁有什么本领都可以施展开来。

八仙桌打掌子——四平八稳

【释义】 掌子：指给驴马打的铁掌。八仙桌本身就平稳，再打上掌子就更平稳。形容做事稳当，有把握。

【例句】 这件事你只有托付老王办，他向来遇事不乱，八仙桌打掌子——四平八稳。

八月的石榴——合不上

【释义】 农历八月石榴的果实成熟，果皮裂开；形容人笑得合不拢嘴。

【例句】 他接到通知书，知道已经考上了重点大学，乐得小嘴儿像八月的石榴——合不上啦。

八月十五的月亮——正大光明

【释义】 比喻人心怀坦白，言行正派。

【例句】 作为国家公仆，不仅应该有较强的行政能力，更应该是八月十五的月亮——正大光明。

八个油瓶四个盖——缺这少那

【释义】 八个油瓶只有四个盖，当然不能把油瓶全盖住。比喻做事情条件不充分或生活中缺少必要的用品。

【例句】 这新搬的家，连个吃饭的碗也不够，现在来做客，我们这儿可是八个油瓶四个盖——缺这少那，你可别见怪。（曹山《乔迁》）

八十公公挑担子——心有余而力不足

【释义】 年事已高，想挑重担也不可能了。比喻力不从心。

【例句】 要说干别的还可以，我这岁数再去陪酒，可是八十公公挑担子——心有余而力不足喽。（一迪《初来乍到》）

八十岁不留胡子——装孙子

【释义】 七老八十，早该留胡子却不留，是存心想年轻装孙子。骂人不负责任，装腔作势。

【例句】 老队长一拍桌子，骂道："啥时候了，你还八十岁不留胡子——装孙子，是想出人命吗？"（水生《岁寒三友》）

八十岁的妈妈扎红头绳——老来俏

【释义】 这是讥讽语。指上了年纪的老太太打扮得花枝招展的。

【例句】 奔六十的人了，还整天涂脂抹粉的，八十岁的妈妈扎红头绳——老来俏，可还能俏到哪儿去？（柳见微《办公室内外》）

八十岁婆婆嫁屠夫——不图养儿只图吃

【释义】 比喻干某事不图别的，只是为了吃。

【例句】 都十一点了才来，我看你是八十岁婆婆嫁屠夫——不图养儿只图吃，还有名无实说是来上班呢。（柳见微《办公室内外》）

八王炮打苍蝇——得不偿失

【释义】 比喻代价很大而收获甚小。

【例句】 这次旅行，选错了旅行社，钱没少花，还生了一肚子气，真是八王炮打苍蝇——得不偿失。

八月十五捉个兔子——有你也过节，没你也过节

【释义】 比喻某人或某物，无足轻重，有或无都不会影响大局。含贬义。

【例句】 赵铁忿忿地说："你以为你是谁，八月十五捉个兔子——有你也过节，没你也过节，缺了你地球照样转，不要拿辞职来吓唬人。"（雪川《三里河》）

巴掌心里长胡须——老手

【释义】老手：语义双关，既指老化的手，又指经验丰富的人。比喻富有经验、很老练的人。

【例句】"嗬，你还真有两下子！"宋少英同意王尚青的解释，笑笑说，"真是巴掌心里长胡须——老手了。"（黎汝清《万山红遍》）

疤拉眼照镜子——自找难看

【释义】疤拉眼，指眼皮上有伤疤，不美观。明知道自己难看还要照镜子，比喻自找难堪、讨没趣。

【例句】"谁要是不知好歹，再作践乡亲们，那就是疤拉眼照镜子——自找难看。"工人瞅着卜知礼警告地说。（郭明伦、张重天《冀鲁春秋》）

疤瘌眼儿做梦娶西施——想得美

【释义】讥讽人想得倒好，就是实现不了。

【例句】他放下手里的活，站起身说："疤瘌眼儿做梦娶西施——想得美！就凭一根皮带想挡住咱发电，没门儿！你们先干着，我去找他沙老歪说话！"（亢君等《攻克卞京》）

白布进染缸里——洗不清

【释义】比喻洗刷不清或推卸不掉责任。多指冤情或无辜受害。

【例句】我阿六目标这样大，外面的压力这样重，如果找不到其他理由为自己开脱责任，恐怕是"白布进染缸里——洗不清"了。（《百丈岭》）

白布做棉袄——里外都是理（里）

【释义】"里"与"理"谐音，比喻不论怎么说都有理。

【例句】他这个人，霸道惯了，不论做什么，白布做棉袄——里外都是理（里），都是别人的不是。

《百家姓》不读头一个字——开口就说钱

【释义】《百家姓》开头四字是"赵钱孙李"，不读头一个字"赵"，便开始说"钱"。比喻人唯钱是命，以钱为上。

【例句】老栓姓钱，赚的是黑心钱，抠的是别人的血汗钱，一见面《百家姓》不读头一个字——开口就说钱。（麦冬《老栓外传》）

百灵鸟遇上鹦鹉——会唱的碰上会说的

【释义】 比喻能说会道的人集在了一起。

【例句】 这相亲的小青年默默无语,可双方的介绍人却聊得甚是投机,百灵鸟遇上鹦鹉——会唱的碰上会说的,这俩人要是谈恋爱,准成。但可惜她们都是女的。(雪川《婚事》)

百页窗里瞧人——把人看邪(斜)了

【释义】 "邪"与"斜"谐音。比喻对人的评价有失公正。

【例句】 我行得正做得正,竟然说我是贪污犯,真是百页窗里瞧人——把人看邪(斜)了,我冤枉死了。

柏油路上跑马车——没辙

【释义】 比喻束手无策,毫无办法。

【例句】 说你能,但碰上老传统这样的人,你也是柏油路上跑马车——没辙了。

摆船运蚂蚁——肚(渡)量太小

【释义】 "渡"与"肚"谐音,指人的度量。比喻人心胸狭窄,不能宽容别人。

【例句】 堂堂男子汉,却是摆船运蚂蚁——肚(渡)量太小,都三年的事了,还记得那么清楚。

拜把子兄弟开茧店——结党营私(丝)

【释义】 "丝"与"私"谐音。比喻某些人结成团伙以谋取私利。

【例句】 "明里看是为群众服务,实际上我看张局长一伙是拜把子兄弟开茧店——结党营私。"老韩说。(丁子山《火花》)

拜佛走进吕祖庙——找错了门

【释义】 吕祖即吕洞宾,是道教信奉的神仙。佛教与道教是两种不同的宗教,本想拜佛,却进了道教的庙。比喻人投错了门路或找错了对象。

【例句】 高书记一声威严的断喝后,波子才明白,自己是拜佛走进吕祖庙——找错了门,这礼送不成了。(雪川《暗斗》)

扳手紧螺帽儿——丝丝入扣

【释义】 形容人说话作文章逻辑严密,语言准确。

【例句】 这篇文章语言细致，用词准确，可说是扳手紧螺帽儿——丝丝入扣，把问题说透了。

搬石头压自己的脚——找苦头吃
【释义】 指自作自受，害了自己。
【例句】 士英几方面碰了壁，知"内阁首辅"这把交椅的确不容易坐，反觉得当初撺走史可法是多此一举。心想："我上了阮圆海的当，搬石头压自己的脚——找些苦头吃。"（谷斯范《新桃花扇》）

板上钉钉——没跑
【释义】 形容事情已成定局，改变不了。
【例句】 她心里想还是继军硬气呀，有红莲嫂帮他来找山燕谈话，看来人家上大学是板上钉钉——没跑了。（杨大群《山燕》）

半空落大雪——天花乱坠
【释义】 比喻空话说得有声有色、非常动听。
【例句】 不愧是说书的出身，说起话来那是半空落大雪——天花乱坠，死人也能说活了。

半空云里伸出个巴掌来——高手
【释义】 形容人技术好、办法多、能力强。
【例句】 别的方面不敢说，要说种田，他可是半空云里伸出个巴掌来——高手。（麦冬《腊月纪事》）

半天云里跑马——露了马脚
【释义】 比喻露出了破绽，泄露了事实真相。
【例句】 "要得。"缪司洛点点头，又轻声嘱咐："你可得要见机行事，决不能在半天云里跑马——露了马脚。"（张作为《原林深处》）

半夜偷桃吃——拣软的捏
【释义】 比喻专欺负老实人。
【例句】 周世善看了看常发贵，又接着说："叫我看，这是半夜偷桃吃——拣软的捏哩。凭什么要把你刷下来？……这不是欺负人吗？"（《靠山堡》）

宝玉的爹——贾政
【释义】 宝玉：贾宝玉，《红楼梦》中的人物。贾政：《红楼梦》中的人物，宝玉的父亲，谐"假正"，指假装正经。常用于讥讽或责骂。
【例句】 呸！宝玉的爹——贾政！我看她只怕去当小老婆也干！（成平《干杯，女兵们》）

抱元宝跳井——舍命不舍财
【释义】 指人把财看得比命还重要。
【例句】 他是抱元宝跳井——舍命不舍财的老财阀，不能养活枪。他胆儿又小，瞅着明晃晃的刺刀，还哆嗦呢。（周立波《暴风骤雨》）

抱着木炭亲嘴——碰了一鼻子灰
【释义】 比喻讨好不成，反而讨了个没趣儿，碰了钉子。
【例句】 老板鸭一时无言答对。真是抱着木炭亲嘴——碰了一鼻子灰。只得在肚里做文章："哼！说得倒好听。你当我是泥塑木雕，眼珠是画的，脑子是硬的。"（《遍地英雄》）

抱着黄连做生意——苦心经营
【释义】 比喻尽心尽力地计划或组织。
【例句】 尽管老发财抱着黄连做生意——苦心经营着他的小铺子，但还是养活不了一家人。

背着儿媳妇过河——吃力不讨好
【释义】 比喻付出了劳动，却因为方式方法不对头，得不到别人的认可。
【例句】 如果不听我的劝告，你就很可能落个背着儿媳妇过河——吃力不讨好的后果，请好自为之。

笨鸭子——上不了架

【释义】 比喻人没出息，成不了大事。

【例句】 小梅也愁蹙蹙地说："谁说不是呀！咱们两个笨鸭子——上不了架；受了一回训，就装了一肚子小米饭，回去怎么见人哪？"（孔厥等《新儿女英雄传》）

鼻子里插大葱——装相（象）

【释义】 "象"与"相"音同相谐。形容装模作样。

【例句】 尽管他表里不一，只要他表现有一点民族意识就应该鼓励他。可是话又说回来了，我老看着他是鼻子里插大葱，装象！（刘流《烈火金钢》）

闭着眼睛趟河——听天由命

【释义】 比喻自己不能支配自己的命运。

【例句】 既然成了阶下囚，就闭着眼睛趟河——听天由命吧，大不了一死。

C

才出壳的小鸡儿——嫩得很

【释义】 初生的小鸡儿很娇嫩，比喻人阅历浅，不老练。

【例句】 他刚出校门，像才出壳的小鸡儿——嫩得很，这样重的任务，恐怕承担不了。

裁缝比手艺——真（针）本事

【释义】 "针"与"真"音同相谐。本指裁缝比赛手艺，看谁用针缝得好；形容人有真才实学。

【例句】 狗娃娘喊道："是骡子是马拉出来遛遛，能带领大家致富，那才叫裁缝比手艺——真本事。"（雪川《月痕》）

苍蝇飞进瓶子里——到处碰壁

【释义】 苍蝇飞进瓶子，四处都是阻碍飞不出去。比喻处处受阻。

【例句】 人倒霉喝凉水都塞牙，这几天苍蝇飞进瓶子里——到处碰壁，简直烦死我了。

苍蝇闻着腥臭——不招自来

【释义】苍蝇一闻到腥臭味,就会飞过来叮食。比喻有些人一见有便宜可占,就不请自到。

【例句】一听说那种药十分灵验,四面八方的干部都涌到了镇上,真是苍蝇闻着腥臭——不招自来。

苍蝇嘴巴狗鼻子——真灵

【释义】比喻人的消息灵通。

【例句】这回,又让他说对了,不得不佩服,这小子的小道消息还真是苍蝇嘴巴狗鼻子——真灵。

苍蝇跌进浆糊桶——糊头糊脑

【释义】原指苍蝇被浆糊糊住了头脑,实指人头脑糊里糊涂,不清醒。

【例句】毛福轩上前把黄先生的身份对骆百千、王胜昌一讲,两人顿时像苍蝇跌进浆糊桶——糊头糊脑了。(姚自豪等《特殊身份的警官》)

苍蝇落在鸡蛋上——见缝下蛆

【释义】蛆:苍蝇的幼虫。苍蝇嗅到有裂缝鸡蛋发出的腥味可吃,就在缝上下蛆;讥讽坏人一有机会就做坏事。

【例句】我知道他一贯不做好事,苍蝇落在鸡蛋上,他是见缝下蛆,因此,一直对他保持警惕。

曹操诸葛亮——脾气不一样

【释义】指人的脾气各不相同。

【例句】乔保无动于衷地说:"曹操诸葛亮——脾气不一样呀!谁知道曹茂奎的老婆兰香梅是咋个打算的。"(聂海《靠山堡》)

踩着麻蝇当蛇——小题大作

【释义】比喻把本来很小的事情当成大事情来处理。

【例句】孩子踢球腿上擦破点皮,你又是拍片子,又是打针,这样踩着麻绳当蛇——小题大作,有必要吗?

菜瓜打锣——一锤子买卖

【释义】 菜瓜是长形的瓜，用它来打锣，一打肯定就断了。比喻事情只能干一次，不能重复。

【例句】 咱俩的交情，可不是菜瓜打锣——一锤子买卖，青山常在，绿水常流，我们永远都是好兄弟！

草船借箭——满载而归

【释义】 形容收获极大，胜利归来。

【例句】 我们到湖边去玩，在芦苇中捡到了一兜子螃蟹。回来路上，大家风趣地说："我们这一遭是草船借箭——满载而归。"

草帽烂了边儿——顶好

【释义】 "顶"有两个义项，一个是名词"帽顶"；一个是作副词用，表示最好。比喻事物称心如意。

【例句】 快别说什么晚不晚的，这么大的雪，你能来，就是草帽烂了边儿——顶好啦。

草梢上的露水——长不了

【释义】 比喻事情难以持久，很快就会过去。

【例句】 甭看她在这个单位干得不错，但我担心也是草梢上的露水——长不了，说不定哪天又跳槽了。

草人儿放火——自身难保

【释义】 草人儿：用稻草等捆扎成的假人。指自身尚且保不住，哪能谈得上照顾、帮助别人。

【例句】 "人家是官，势力好大呢，咱们小百姓关心顶啥用？别闹得草人儿放火——自身难保！"他真变成颗榆木脑袋，站在原地不动。（张贤亮《河的子孙》）

草尖儿上的露水——留不住
【释义】 阳光一出露水就会从草尖上蒸发掉，比喻人挽留不住。
【例句】 他是外地人，草尖儿上的露水——留不住，用不了多久准跳槽。

厕所里扎牌楼——好大的臭架子
【释义】 比喻装腔作势，盲目地自高自大。
【例句】 张二歪朝刘一匪嚷道："看看你，厕所里扎牌楼——好大的臭架子，你摆给谁看？我可不吃这一套。"（麦冬《天道》）

茶壶里放元宝——只进不出
【释义】 比喻只往里收而不往外拿。形容人吝啬。
【例句】 这个人是茶壶里放元宝——只进不出的主，有东西也不能给他。

茶壶里煮饺子——道（倒）不出来
【释义】 比喻心里有话要说，但是嘴笨，表达不出来。或比喻有难言的苦衷，不好开口。
【例句】 这个人让他写能下笔千言，让他说可就茶壶里煮饺子——道（倒）不出来了。

茶馆里不要了的伙计——哪一壶不开偏要提哪一壶
【释义】 伙计：旧时称呼店员。比喻哪件事情不该提起，偏要提起哪件事情。
【例句】（马有翼说：）"把分单给了我，我自己过日子去！"糊涂涂想："这小子真是茶馆里不要了的伙计——哪一壶不开偏要提哪一壶！我费尽一切心机来对付你，都为的是怕你要分家，你怎么就偏提出这个来？"（赵树理《三里湾》）

茶壶掉了底儿——光剩下一张嘴儿
【释义】 嘴儿：原指壶嘴儿，实指说话。指人别的都不行，只是说得动听。常用于讥讽。
【例句】 鹦鹉韩扮着鬼脸，道："干姨，我给您准备了一对俊鸟儿，什么时候给您带来。"……检票员道："茶壶掉了底儿——光剩下一张嘴儿！俊鸟儿，俊鸟儿，你许愿一年了，我连根鸟毛都没看到！"（莫言《丰乳肥臀》）

茶壶里泡豆芽儿——受不完的勾头罪

【释义】勾头：原指豆芽弯曲着头，实指人抬不起头。指人长期受委屈，永远抬不起头。

【例句】钱老大没敢坐下，照旧拄着棍，靠墙站着。"我从小推磨做豆腐，落下个气喘的病，好比那茶壶里泡豆芽儿——受不完的勾头罪！"（张一弓《赵镢头的遗嘱》）

茶壶打了把儿——只剩下嘴了

【释义】嘴：词义双关，既指壶嘴儿，又指说话。讥讽人只是嘴巴乖巧，别的都不行。

【例句】你只是说得好听，其实什么都不行。难怪有人说你是茶壶打了把儿——只剩下嘴了。

馋嘴进药店——自讨苦吃

【释义】苦：词义双关，既指苦味，又指难受、痛苦。比喻自找麻烦，自己找钉子碰。

【例句】你给人家小两口劝架却偏袒一方，现在人家俩好得像一个人一样，你说你是不是馋嘴进药店——自讨苦吃？

馋鬼抢生肉——贪多嚼不烂

【释义】比喻一味追求数量和进度，效果反而不好。

【例句】凌少辉继续说道："打法：既不要馋鬼抢生肉——贪多嚼不烂，更不能大姑娘吃饭——小口小口地细嚼慢咽！"（曲波《山呼海啸》）

长虫吃扁担——直杠一条

【释义】长虫：蛇的俗称。原指蛇身被扁担撑得像条直杠子，实喻人下定决心，拿定主意，就勇往直前，再不回头。

【例句】他把胸脯一拍，说："这一回是长虫吃扁担——直杠一条，非照咱的主意办不可，走！"（侯钰鑫《大路歌》）

长颈鹿脖子、仙鹤腿——各有所长

【释义】长：词义双关，既指长度，又指长处。比喻人都有各自的长处或优点。

【例句】对于人才，不能求全责备。要看到他们是长颈鹿脖子、仙鹤腿——各有所长。

长颈鹿的脑袋——高人一头

【释义】 长颈鹿脖子很长,个子特别高。比喻比别人强。

【例句】 你别说,念这几天书还真管用,听他出的主意,就是长颈鹿的脑袋——高人一头。

嫦娥脸上长痣——美中不足

【释义】 比喻虽然已经非常圆满,但仍有一点缺憾。

【例句】 雕像的头应该再高昂一些,更有意味,真是嫦娥脸上长痣——美中不足,但并不失为一件好作品。

唱戏的跑圈儿——走过场

【释义】 走过场:双关,本指戏曲演员上场后,不多停留,从一侧穿过舞台到另一侧,然后下场;比喻做事敷衍了事,不负责任。

【例句】 又捏纸蛋哩,那是唱戏的跑圈儿——走过场哩。其实人心里早有底了,我去也是白跑,还是不要去了吧。(郎绣春《捏纸蛋》)

唱戏打边鼓——旁敲侧击

【释义】 比喻说话不直接明说,而是拐弯抹角曲折表达。

【例句】 "当领导的善于唱戏打边鼓——旁敲侧击,不知你听明白没有?"许三问柳歪。

唱戏的打板子——一五一十

【释义】 在舞台表演打板子时,一五一十地报数。比喻原原本本、详详细细地讲出来。

【例句】 你也别着急,听我唱戏的打板子——一五一十地向你说明。

唱戏的拿马鞭子——走人

【释义】在戏台上不能跑真正的马,就用马鞭子代表马,拿马鞭子就表示上马要走。比喻走开、离去。

【例句】既然没有别的事,天色尚早,那就唱戏的拿马鞭子——走人吧。

唱戏的骑马——不(步)行

【释义】"步"与"不"谐音。比喻不可以、不允许。

【例句】我最后再说一遍:"唱戏的骑马——不(步)行,这回你该死心了吧。"

炒菜的勺子——尝尽了酸甜苦辣

【释义】本指勺子时常接触各种滋味的菜肴,比喻幸福、痛苦等都经历过。

【例句】王爷爷对孩子们说:"我活了70多岁,炒菜的勺子——尝尽了酸甜苦辣,比起我小时候来,你们真是太幸福了。"

炒熟的虾米——红人儿(仁儿)

【释义】"仁儿"与"人儿"音同相谐。炒熟的虾米就会变成红色;指受重视或受欢迎的人。

【例句】他到公司还不到一年,就被任命为经理助理,成了炒熟的虾米——红人儿(仁儿)啦!

炒韭菜搁葱——白搭

【释义】炒韭菜时放葱,吃不出葱味儿。比喻白费力气,没有效果。

【例句】既然她去意已决,你再哀求也是炒韭菜搁葱——白搭。

炒咸菜不放酱油——有言(盐)在先

【释义】咸菜是放了很多盐腌制的。"盐"与"言"谐音。比喻事先把话说明或提出某种见解。

【例句】既然是借,咱们炒咸菜不放酱油——有言(盐)在先,一个月后必须还我。

朝廷爷吃煎饼——均(君)摊

【释义】"君"与"均"谐音。比喻大家平均分担某事或平均分配某种东西。

【例句】赵庆裕在大柳树下站起来,摸摸光溜溜的秃脑袋,亮开他钻耳朵蛐蛐的尖嗓门儿说:"打日本,这是个爱国的事情,就用不着多费口舌。让我

说，咱满打满算起来，朝廷爷吃煎饼——均（君） 摊好了。"（刘江《太行风云》）

朝太阳举灯笼——充亮

【释义】 亮：原指光线明亮，实指心里明亮。比喻人自作聪明，不懂装懂。

【例句】 可我从他谈话中总觉得他说话不大实在，老是夸卢副队长如何好，夸咱们支队如何好，还夸我呢。他知道我小赵个屁？还不是朝太阳举灯笼——充亮么？（魏树海《沂蒙山好》）

车道沟里的泥鳅——掀不起大浪

【释义】 本指车道沟里的积水有限，无浪可掀，泥鳅又细又小，也无力掀浪；比喻成不了大事。

【例句】 小赵胸有成竹地说："几个小毛贼，车道沟里的泥鳅——掀不起大浪，等办完这件大事，再去收拾他们不迟。"

陈年的老酒——搁的时间越长越值钱

【释义】 指某物随着时间增长，价值不断提高。

【例句】 我不是告诉你了吗？这画像陈年的老酒——搁的时间越长越值钱，着什么急卖呀！（肖复兴《她和他们》）

撑着阳伞戴凉帽——多此一举

【释义】 指做不必要或多余的事情。

【例句】 事情都已经圆满解决了，你还提什么解决方案，真是撑着阳伞戴凉帽——多此一举！

城隍老爷搬家——神出鬼没

【释义】 城隍老爷，迷信传说中指管理城池的神。比喻变化多端，令人捉摸不定。

【例句】 这些天你早出晚归的，给人一种城隍老爷搬家——神出鬼没的感觉，到底在干啥？

城隍老爷献计——出鬼点子

【释义】 比喻提出一些令人捉摸不定的主意，耍鬼花招。

【例句】 这叫什么策划？不过是城隍老爷献计——出鬼点子罢了。

城隍庙里小鬼——大小是尊神

【释义】 比喻好歹也算是个有势力有头脸的人。

【例句】 他虽退休了,但城隍庙里小鬼——大小是尊神,他还是有一定发言权的。

城隍奶奶怀孕——心怀鬼胎

【释义】 城隍奶奶:城隍的妻子。比喻心里藏着不可告人的事或目的。

【例句】 看他贼眉鼠眼的样,鬼鬼祟祟的,一定是城隍奶奶怀孕——心怀鬼胎,没打好主意。

城门里扛竹竿——直进直出

【释义】 形容说话、办事欠考虑。

【例句】 说话也不看看都有谁就城门里扛竹竿——直进直出,这不,有人不高兴了。

城头上跑马——兜圈子

【释义】 比喻说话兜圈子,回避实质问题。

【例句】 听了半天也没听明白,小玉急了:"你别城头上跑马——兜圈子了,有什么快照直说!"

城隍庙娘娘有喜——不知怀的什么鬼胎

【释义】 娘娘:迷信的人称呼女神。有喜:指妇女怀孕。指不知某人怀的是什么样的坏念头。

【例句】 刁继祖眨眨眼睛,困惑不解地说:"奇怪。这真……城隍庙娘娘有喜——不知怀的什么鬼胎?"(马国超等《马本斋》)

城门大的纸画了一个鼻子——好大的脸面

【释义】 讥讽某人自以为面子很大。

【例句】 呸!你真是城门大的纸画了一个鼻子——好大的脸面!……这些人,哪个不比你强?你刚刚打了两回胜仗,大伙看在你爹的面上,捧捧你,可你连姓啥都忘了。(黄佩珠等《少西唐演义》)

城墙上跑马——难掉头

【释义】 本指难以掉转马头,转指陷入困境,身不由己。

【例句】 他正了正身子,紧握着烟袋杆儿的手高高一扬,一字一板斩钉截铁地说:

"城墙上跑马——难掉头,咱们如今是骑在虎背上,要上要下全由不得自己了。"(吴越《括苍山恩仇记》三一回)

城隍庙里的匾额——有求必应

【释义】城隍庙:旧指供奉城池守护神的庙。城隍庙里的匾上面题的文字常是"有求必应";比喻只要有所请求,就一定答应。

【例句】有问题向张老师请教,他总是城隍庙里的匾额——有求必应。

城隍爷掉井里——劳(捞)不起您的大驾

【释义】城隍爷:旧时对城池守护神城隍的尊称。"捞"与"劳"音近相谐。大驾:敬辞,称对方。指不敢麻烦对方帮助自己做事。

【例句】小孙见厂长要来帮他,连忙摆摆手,笑着说:"不用了,城隍爷掉井里,劳(捞)不起您的大驾!"

城墙上挂门帘——没门儿

【释义】没门儿:语义双关,既指没有门,又指不可能。指事情不可能办成或问题没办法解决。

【例句】你把公司搞成这么个破烂摊子,还想骗取奖金,城墙上挂门帘——没门儿!

程咬金上阵——三板斧

【释义】讥讽人没有什么大的本领,就那么几下子,使不出什么新花招。

【例句】读过《隋唐演义》的人都知道程咬金使的是大斧子,民间口头语形容人没啥新花样老是那几招,也常说"程咬金上阵——三板斧",可程咬金那斧子确实是件宝。(李伯涛《程咬金传奇》)

秤砣掉在棉花里——没有回音

【释义】回音：词义双关，既指反射回来的声音，又指回应、反馈。比喻没有得到答复或回应。

【例句】我给他的信发出已经两个多月了，可到今天还是秤砣掉在棉花里——没有回音。

秤锤掉到鸡窝里——蛋打鸡飞

【释义】鸡蛋打破了，鸡也飞了。形容一切都落空。

【例句】"好啦好啦，现在宣布，赌具和'份子'钱全部没收。""我的娘！这一回，算是'秤锤掉到鸡窝里——蛋打鸡飞'！"（张一弓《赵镢头的遗嘱》）

吃包子光看褶儿——不知里头包的是啥馅儿

【释义】褶儿：包子顶部由面片捏成的褶子。比喻只顾着表面现象，却忘了解内情。

【例句】他们一边走，还一边议论着："听法官说的那些话，是以理公断的。看来我那场官司也许还能翻过来……""吃包子光看褶儿——还不知里头包的是啥馅儿哩！"（郭澄清《龙潭记》）

吃的河水——管得宽

【释义】指超过了自己所管辖的范围，常用来指责或讥讽人多管闲事。

【例句】这帮子人一齐冲他七嘴八舌，连吓带骂："……你吃的河水——倒管得宽，这是你说话的地方？也不脱下鞋底，照照模样。"（周立波《暴风骤雨》）

吃的咸盐真不少——净管闲（咸）事

【释义】咸：谐"闲"。指爱管无关紧要或与己无关的事情。

【例句】"你吃的咸盐真不少——净管咸（闲）事。"淑娴低头锄着地，回答女伴道，"别人喘口气，你也大惊小怪的。"（冯德英《迎春花》）

吃甘蔗上楼梯——步步高，节节甜

【释义】比喻情况越来越好。

【例句】小两口再也不打架吵嘴了，踏踏实实地过日子，小家庭渐渐有了起色，生活是吃甘蔗上楼梯——步步高，节节甜。

吃江水，说海话——好大的口气

【释义】 口气：原指口里呼出的气，实指说话的气势。形容人说话的口气大。常用于责备或讥讽。

【例句】 "嗬，吃江水，说海话——好大的口气呀，也不怕闪了舌头！"马万源不无教训地说，"别忘了，车间主任是我而不是你。说话该先考虑一下自己的身份。"（刘彦林《三月潮》）

吃了秤砣——铁了心

【释义】 铁：词义双关，既指铁的，又指坚定、坚决。形容人下定了最大的决心。

【例句】 他经过反复考虑，终于吃了秤砣——铁了心，决定依法上诉，相信这个冤案会翻过来的。

吃了哑巴药——开不了口

【释义】 责备人闭口不语。

【例句】 "小祖宗，你是吃了哑巴药——开不了口啦？快跟警察叔叔说说你看见的实际情况呀！"奶奶又急又气地说。

吃咸鱼醮酱油——多此一举

【释义】 咸鱼已经很咸，再醮着酱油吃，就更咸了，完全没有必要。比喻没有必要做某事。

【例句】 海上风微波小，放下太平篮拖在船后，好比吃咸鱼醮酱油——多此一举，船速反而减慢了。

吃捞面不打卤——白条儿

【释义】 指不能报销的白条子即财务上的非正式单据。

【例句】 民办教师的工资一定要兑现。谁今后给老师们吃捞面不打卤——白条儿，就给他纪律处分。

吃剩饭，想点子——净出馊主意

【释义】 馊：词义双关，既指饭菜变质而发出酸臭的怪味，又指坏。形容人道德败坏或净出坏点子。

【例句】 你对他的意见一定要分析。他在我们单位是吃剩饭，想点子——净出馊主意。

吃饺子不吃馅——调（挑）皮

【释义】比喻顽皮，不安分。

【例句】十三四岁的孩子，真是吃饺子不吃馅——调（挑）皮，说不上哪会儿就惹祸。

吃了黄连含着蜜——嘴甜心苦

【释义】比喻人表里不一，话说得好听，但心地歹毒奸诈。

【例句】他可是一个吃了黄连含着蜜——嘴甜心苦的主，千万别上当。

吃麻油唱曲子——油腔滑调

【释义】比喻说话办事不正派，油滑轻浮。

【例句】年纪轻轻的，吃麻油唱曲子——油腔滑调，一张嘴就令人厌恶。

吃藕使筷子——挑眼

【释义】比喻挑毛病找不是。

【例句】不管人多么多，都必须照顾好新亲，否则，就有人吃藕使筷子——挑眼了。

吃香蕉剥了皮——吃里扒外

【释义】比喻人为了他人而干有损自己一方的事。

【例句】郑存不解地问："我平时待你很好的，你为什么吃香蕉剥了皮——吃里扒外？"

池里王八塘里的鳖——一路货色

【释义】比喻人或事物本质差不太多。（贬义）。

【例句】 铃子说:"你也别笑话人家,我看你和他是池里王八塘里的鳖——一路货色。"

虫儿钻进核桃里——冒充好人(仁)
【释义】 "仁"与"人"谐音。比喻假装善良的人。
【例句】 再伪装,他也是虫儿钻进核桃里——冒充好人(仁)。

绸缎上绣牡丹——锦上添花
【释义】 比喻使已经美好的事物更加美好。
【例句】 研究生毕了业,找个好工作,再找个好对象,就是绸缎上绣牡丹——锦上添花了。

丑媳妇见公婆——迟早有一天
【释义】 比喻某种事情总有一天要发生。
【例句】 这件事情非办不可,丑媳妇见公婆——迟早有一天要办,迟办不如早办。

臭虫钻到花生壳里——充好人儿(仁儿)
【释义】 "仁"与"人"谐音。讥讽坏人冒充好人。
【例句】 你明明是拐骗她们来这里,再把她们倒卖,却说是带她们到北京来找工作。哼!臭虫钻到花生壳里——还硬充好人儿(仁儿)。

臭豆腐——闻着臭吃起来香
【释义】 比喻某事物名声虽然不好,但实际上很受欢迎,很流行。
【例句】 时来福就到处吹:"走后门咋啦!你批你的,现在就时兴这个,走后门臭?它是臭豆腐——闻着臭吃起来香!"(于家乐《金奖白兰地》)

出殡遇上娶媳妇——有哭有笑
【释义】 出殡是丧事,娶媳妇是喜事。比喻有的伤心,有的高兴。
【例句】 下岗名单一公布,厂里立刻炸了窝,出殡遇上娶媳妇——有哭有笑。

出洞的老鼠——东张西望
【释义】 形容事前窥测方向或没有目标地张望。
【例句】 贩毒分子躲在村边一间小屋里,像出洞的老鼠,伸着头东张西望。

出东门往西拐——糊涂东西

【释义】 讽刺人头脑不清楚，糊涂。

【例句】 张老爹见儿子又空着手回来了，便骂道："你个出东门往西拐——糊涂东西，书包呢？"

出头的椽子——先烂

【释义】 椽子：安在檩上，用来架屋顶的木条。原指露出房檐外面的椽子会先腐烂；实喻冒尖或领头的人，会先遭受祸害。

【例句】 还有一些人，心里寻思着，韩老六是该斗争的，但何必自己张嘴抬手呢？出头的椽子——先烂，自然会有人收拾他。

出土甘蔗——节节甜

【释义】 甜：原指甘蔗的味道，实指生活舒适、幸福。比喻生活一天比一天好。

【例句】 （盘健山说：）"是毛主席、共产党把我从深潭里捞了出来，从火炕里救了出来。给我分了田地、分了房屋，走上社会主义道路，好日子，就像出土甘蔗——节节甜。"（广西军区政治部《雨后青山》）

初二生下十四死——没见过初一十五

【释义】 比喻阅历浅，见识短。

【例句】 遇上这么大的事谁能不着急？何况一个初二生下十四死——没见过初一十五的老太太呢。

厨房里的猫——记吃不记打

【释义】 本指猫挨打后还是要偷吃东西，转指人屡教不改，老毛病还要一犯再犯。

【例句】 你的这个缺点，我不知批评过多少次，你却像厨房里的猫——记吃不记打。

厨房里的蒸笼——经常受气（汽）

【释义】 "汽"与"气"音同相谐。比喻人常受欺侮。

【例句】 做人也不能太软了，不然在这里就会像厨房里的蒸笼——经常受气（汽）。

除夕晚上盼月亮——没有指望

【释义】 除夕是农历腊月三十，没有月亮。比喻事情没有希望或根本无法办到。
【例句】 等他给孩子安排工作，我看那是除夕晚上盼月亮——没有指望了。

穿冬衣戴夏帽——不知春秋

【释义】 本指不知道季节气候变化，比喻不了解主客观形势变化。
【例句】 王大娘对她的老伴儿说："你已经是六十多岁的人了，说话、做事也得看看形势，多听听年轻人的意见，不能老是穿冬衣戴夏帽——不知春秋。"

穿背心作揖——光想露两手

【释义】 作揖，即两手抱拳高拱，身子略弯；露两手，一方面可作露出两只手解，也可作表现出一点本事来解。比喻总想施展才能，抛头露面。
【例句】 你不要穿背心作揖——光想露两手，误了正事主任可饶不了你。

穿孝衣拜天地——悲喜交加

【释义】 穿孝衣是有丧事，是悲；拜天地是结婚，是喜。比喻又悲又喜，情绪复杂。
【例句】 刘寡妇一见到儿子的录取通知书，宛如穿孝衣拜天地——悲喜交加。

穿鞋没底——脚踏实地

【释义】 比喻办事踏踏实实。
【例句】 这小伙子办起事来，穿鞋没底——脚踏实地，你就放心好了。

穿衣戴帽——各人所好

【释义】 指人各有各的爱好。
【例句】 穿衣戴帽——各人所好。你喜欢吃酸的，还能让人家都跟着你？（刘彦林《东风浩荡》）

船老大带徒弟——从何（河）说起

【释义】 "河"与"何"谐音。比喻不知从什么地方说起，或不明白这是怎么回事。
【例句】 几天没上班，竟然有人说他得了绝症，真是船老大带徒弟——从何（河）说起。

船桅杆锯作拴马桩——大材小用

【释义】比喻把大人物或有大才干的人安排在低微的职位上做事情。

【例句】刘伯承扶扶眼镜，笑了："三国时，刘备带了三员大将去当新野县长，真是船桅杆锯作拴马桩——大材小用喽！现在我们的新野县长是太行山来的团级干部?!"（江深等《淮海之战》）

窗户边上吹喇叭——名（鸣）声在外

【释义】"鸣"与"名"谐音。比喻声名远播。

【例句】说起刘半仙，那可是窗户边上吹喇叭——名（鸣）声在外，十里八乡的，没有不知道的，连县里的大官，也坐小车来找他。

窗口敲大锣——里外响当当

【释义】比喻到处都吃得开，名气很大。

【例句】别看房子破，从这里出了三个博士，这家子可是窗口敲大锣——里外响当当。

窗户里走人——没有门道

【释义】门道：词义双关，既指没有门洞儿，又指没有门路途径。

【例句】到目前为止，他的婚姻问题，还是窗户里走人——没有门道呢。

窗户上画老虎——吓唬不了人

【释义】指虚张声势，不可能使人害怕。

【例句】他满不在乎地说："我又不是三岁孩子，见过的事情多着呢！窗户上画老虎——吓唬不了人。"

窗户纸——一点就破

【释义】点：原指用手指头稍微触动物体，实指指点。形容人聪明，脑子活，学什么东西稍加指点就能学会。

【例句】俗话说：窗户纸——一点就破。世界上的许多事情，当你囿于传统的藩篱，不敢越前人的雷池半步时，往往不能了解它的全部奥秘。事实上，这种奥秘很可能仅与你隔着一层窗户纸——一点就破。（峻青《雄关赋》）

床单当毛巾——大大方方

【释义】 比喻办事爽快、不忸怩，不做作。

【例句】 男子汉大丈夫，说话办事就应该床单当毛巾——大大方方。

床底下拜年——抬不起头来

【释义】 比喻灰心丧气，或干了见不起人的事。

【例句】 从牢里出来后，他总是躲着人，好像床底下拜年——抬不起头来。

床底下吹喇叭——低声下气

【释义】 比喻小心恭顺的样子。

【例句】 毕竟是求人家，床底下吹喇叭——低声下气，也是没法儿。

床上的花枕头——置之脑后

【释义】 比喻放在一旁，置之不理。

【例句】 只要不是上边交代的，下边再大的事，局长都一视同仁，床上的花枕头——置之脑后。

吹口哨儿过坟地——自己给自己壮胆

【释义】 指心里害怕，外表上还装出有勇气、有胆量的样子。

【例句】 他一上场，就对着150多公斤重的大力士，喊了两声"嘿！嘿！"这是吹口哨儿过坟地——自己给自己壮胆，也装出一副大力士的样子。

吹糖人的出身——口气不小

【释义】 比喻说话盛气凌人。

【例句】 听你说这话，像吹糖人的出身——口气不小，不知有什么来头？

春天的蜜蜂——闲不住

【释义】 比喻人勤奋，不愿意闲着。

【例句】 栗老师刚参加工作就像春天的蜜蜂——闲不住。

瓷器店里翻跟头——少不了磕磕碰碰

【释义】 比喻人与人之间难免会发生矛盾。

【例句】 大家来自四面八方，各有各的习惯，就好比瓷器店里翻跟头——少不了磕磕碰碰，千万别动肝火。

刺槐做的棒槌——扎手

【释义】 刺槐：又叫洋槐，落叶乔木，花白色，有香气，枝上有尖刺。原指刺手，实喻事情难办。

【例句】 真是刺槐做的棒槌——扎手！你给他动软的，他哼哼哈哈不理你的碴儿；你给他动硬的，他就豁出脑袋来跟你玩命。（肖玉《战鼓催春》）

刺拐棒做线板——难缠

【释义】 刺拐棒：带刺的弯曲木棍。难缠：语义双关，既指难于缠绕，又指人不好对付。比喻人刁钻圆滑，难于对付。

【例句】 跟他打交道可要小心，这个人是刺拐棒做线板——难缠得很呀！

从哈哈镜里看人——把人看歪了

【释义】 哈哈镜：用凸面或凹面玻璃制成的镜子，镜中形象奇怪可笑，供游乐用。指故意歪曲了别人的形象，错看了人。常用于指责。

【例句】 她哼了一声："别从哈哈镜里看人——把人看歪了。我也是个有血性的青年，对独裁、腐败，同样反感！"（武剑青《九曲杜鹃魂》）

从斜门缝看人——怎么看怎么歪

【释义】 比喻看人的角度不对，必定看不准，会歪曲了人。常用于指责。

【例句】 山燕说："我看安史欣是把整挂往邪路上赶了。大器叔，我担心你坐在人家车子上被拉到邪道上去！""山燕，你是从斜门缝看人——怎么看怎么歪！"吴大器用手一挥说，"群众是真正的英雄，我相信群众。"（杨大群《山燕》）

从河南到湖南——难(南)上加难(南)

【释义】 河南、湖南,两个省名,此处利用两个"南"字以与"难"字谐音。比喻困难重重。

【例句】 让我一个外乡人在这里找一个证人,可真是从河南到湖南——难(南)上加难(南)。

从门缝里看人——把人看扁了

【释义】 指轻视瞧不起人。

【例句】 "说我打不赢这个官司,你是从门缝里看人——把人看扁了,你等着瞧吧。"陈律师忿忿地说。

从盐缸里爬出来的——闲(咸)话不少

【释义】 "咸"与"闲"谐音。指议论别人是非的话很多。

【例句】 真是寡妇门前是非多,一说到王寡妇,大家伙就像从盐缸里爬出来的——闲(咸)话不少。

醋瓶子打酒——满不在乎(壶)

【释义】 壶:谐"乎"。指对别人的埋怨、批评等,不放在心上。

【例句】 病假期满,倪镝来到团里,首先让苟乐乐埋怨了一通,然后,又让早等得不耐烦的王胖子数落一通。他给他们来了个"醋瓶子打酒——满不在壶(乎)"。(韩冬《原欲》)

D

搭在弦上的箭——一触即发

【释义】 比喻马上就会有严重的事情发生。

【例句】 双方已经对峙了整整一天,仍然互不相让,就像搭在弦上的箭,大有一触即发之势。

打败的鹌鹑斗败的鸡——上不了阵势

【释义】 雄性的鹌鹑和鸡生性好斗,但斗败后,就无斗志,不能再斗。比喻丢掉

【例句】二虎自然是主张硬攻的,他想:"和王秃子打交道也不是三两天了,他的底子咱们还不摸? 这么多人一去,吓也把他下屙了。""是啊,打败的鹌鹑斗败的鸡——这家伙上不了阵势。"老孟也附和道。(李晓明、韩安庆《平原枪声》)

打灯笼搬石头——照办(搬)

【释义】"搬"与"办"谐音。本指用灯笼照着搬运石头;转指照章办理。
【例句】您的意思我们都领会了,请放心,我们打灯笼搬石头——照办(搬)。

打掉门牙往肚里咽——有苦说不出

【释义】比喻忍气吞声,有苦难言。
【例句】挨了领导的训,虽然有些冤枉,但我只能打掉门牙往肚里咽——有苦说不出。(麦冬《一把手》)

打断了的胳膊——往外拐

【释义】比喻说话办事向着外人。
【例句】"啊?"苏尔坦压住火问:"我艾斯哈里大哥也不说话吗?""唉!"萨吾东叹了一口气,"艾斯哈里如今是打断了的胳膊——往外拐啦!"(沈凯《古玛河春晓》)

打扇抽烟——煽风点火

【释义】比喻教唆、怂勇别人干坏事。
【例句】两个人眼见着就要动刀子了,你还在一边打扇抽烟——煽风点火,是不是想出人命?

打铁的拆炉子——散伙(火)了

【释义】"火"与"伙"谐音。比喻解散不干了。
【例句】既然大家都不愿意再接着干下去,那只好打铁的拆炉子——散伙(火)了。

打鼓不打面——旁敲侧击

【释义】敲鼓不敲鼓的正面鼓心,却在鼓帮子上敲击;比喻谈问题不直接从正面谈而是从旁边迂回表述。

【例句】 我希望你谈问题要单刀直入，正面把事挑明，不要打鼓不打面——旁敲侧击。

打翻了五味瓶——苦辣酸甜咸都有

【释义】 五味：指酸、甜、苦、辣、咸。本指各种味道都有；比喻人的感受复杂多样，心里不是滋味。
【例句】 他看着老伴儿的遗像，想起几十年的风风雨雨，心里就像是打翻了五味瓶——苦辣酸甜咸都有，真是难过极了。

打个巴掌再给个甜枣儿——堵嘴

【释义】 比喻用先打击后拉拢的手段使人无法开口说话。
【例句】 他前些日子把你压得像柿饼子，现在又请你抽烟、喝酒，这是打个巴掌再给个甜枣儿——堵你的嘴！

大姑娘上轿——头一回

【释义】 比喻第一次做某事。
【例句】 我们连长是个大老粗，几位排长也都是半文盲，这些名词不但不懂，连听，也是大姑娘上轿——头一回。（《天山战歌》）

大海里翻了豆腐船——汤里来，水里去

【释义】 形容四处劳苦奔波。
【例句】 桑小五见团长太太说话随和，便凑趣道："太太，我算个什么官呀！大海里翻了豆腐船——汤里来，水里去。比背篓子要饭强一些罢了。"（龚昌盛《沉浮》）

大年初一吃饺子——没外人

【释义】 指都是有亲属关系的自家人。
【例句】 冯贵堂说："走吧，都去！常说大年初一吃饺子——没外人。"冯大奶奶无法推脱，只得叫姑娘们跟上，一块儿去赴席。（梁斌《烽烟图》）

大年初一送财神——见面说好

【释义】 财神：传说中管财的神，也叫财神爷。送财神：某些地区旧俗大年初一乞讨的人往往给乞讨对象送一张印有财神像的纸片，且有说有唱，说些

"恭喜发财"之类的吉利话。指对人只说好话，不得罪人。

【例句】他可是一个难缠的人，说轻了他不理你，说重了他立刻就翻脸。所以对他也只好大年初一送财神——见面说好就是了。

大树底下聊天儿——净说风凉话

【释义】比喻总是说一些不负责任的冷言冷语或讽刺挖苦的话语。

【例句】"真不知你的心肠怎么那么狠，大树底下聊天儿——净说风凉话，人都快不行了，还旁敲侧击。"柳如风说。

大树林里的一片叶——有你不多，没你不少

【释义】比喻缺少某人或某物不会影响大局。

【例句】我生气地对他说："你实在不愿意参加这项工作，也就不勉强了，大树林里的一片叶——有你不多，没你不少。"

大水淹了龙王庙——一家人不认识一家人

【释义】龙王：神话传说中掌管兴风降雨、统领水族的神。指自己人之间发生误会。也指见了自己人不认识。

【例句】说实在的，闯王派我来，也只是同你们见见面，交交朋友，免得日后大水淹了龙王庙——一家人不认识一家人。（姚雪垠《李自成》）

大夫开棺材铺——死活都要钱

【释义】医生诊病要钱，买棺材也要钱。比喻无论如何都要钱。

【例句】"在这个地方，法院的执行人员就像大夫开棺材铺——死活都要钱，不但要收执行费，还要给个人好处，而且得给足，他们才动弹动弹，老百姓苦死了。"（雪川《翁牛特》）

大白天碰见阎王爷——活见鬼

【释义】 比喻事情离奇古怪，或不可能发生的事。

【例句】 这包刚才我还见着呢，一转眼却不见了，真是大白天碰见阎王爷——活见鬼了。

大鼻子他爹——老鼻子

【释义】 利用方言词"老鼻子"表示双关，形容数量极多。

【例句】 "……大部队来啦！""来了多少？"郭排长一面往上跑一面问。这个东北战士说了句俏皮话："大鼻子他爹——老鼻子啦"。（袁静《伏虎记》）

大肚子不生孩子——光背虚名

【释义】 比喻徒有虚名，表里不一。

【例句】 什么顾问，我看是大肚子不生孩子——光背虚名。（刘柳《平生》）

大风吹倒帅字旗——出师不利

【释义】 帅字旗，过去军队中立有大旗，旗上大书一"帅"字。传说如果大风把帅字旗吹倒，会对军队不利，这只是一种迷信说法。比喻一开始就遇到不利的形势。

【例句】 在预赛中，我方就有两人受伤退出比赛，真是大风吹倒帅字旗——出师不利。

大脚上挂暖瓶——水平（瓶）比较（脚）高

【释义】 "瓶"与"平"谐音；"脚"与"较"谐音。比喻在某些方面成绩突出。

【例句】 从这幅画可以看出，作者是大脚上挂暖瓶——水平（瓶）比较（脚）高的，一点也不像初学者。

大锹挖黄连——挖苦

【释义】 挖苦的另一含义是说话尖酸带刺儿。比喻用尖刻的话来嘲讽人。

【例句】 你这哪是在做思想工作，分明是大锹挖黄连——挖苦我呢。

大师傅打蛋——各个击破

【释义】 比喻分头打击对方。

【例句】 对付这群匪徒的有效方法，就是大师傅打蛋——各个击破。

大蒜拌冻豆腐——难办（拌）

【释义】 冻豆腐已成硬块，与大蒜无法拌和在一起；"拌"与"办"谐音。比喻事情不好处理。

【例句】 这件事真的很棘手，大蒜拌冻豆腐——难办（拌）。

大腿上绑铜锣——走到哪里响到哪里

【释义】 比喻人有能力或有影响力不管到什么地方，都吃得开。

【例句】 他是说书的出身，有一张好嘴，大腿上绑铜锣——走到哪里响到哪里。

大小号合奏——双管齐下

【释义】 大号、小号，都是管乐器。比喻两方面同时进行。

【例句】 你负责西边，我负责东边，咱们大小号合奏——双管齐下，争取打个漂亮仗。

大雪天走道——一步一个脚印

【释义】 比喻办事踏踏实实，稳步前进。

【例句】 做人就应该大雪天走道——一步一个脚印。

大爷比太爷——只差一点儿

【释义】 比喻差别不大，水平相近。

【例句】 我的字与你的字相比，不过是大爷比太爷——只差一点儿，看来我也可以当书法家了。

大雨天背棉花——越背越沉

【释义】 比喻负担一天比一天沉重。

【例句】 这家事业单位，退休职工越来越多，负担也是大雨天背棉花——越背越沉。

大雨天上房——找漏洞

【释义】 比喻挑毛病，寻不是。

【例句】 今天去验收工程，也是大雨天上房——找漏洞，大家一定要睁大眼睛。

大姑娘临上轿穿耳朵眼儿——来不及

【释义】 指事到临头才仓促应付，为时已晚。

【例句】 闹散了会并不要紧，要紧的是假若政府马上施行自治，我们无会可恃，岂不是大姑娘临上轿穿耳朵眼儿，来不及吗？（老舍《老张的哲学》）

大姑娘上轿——总有个头一回

【释义】 旧时女子出嫁要坐轿子。指某事总有做头一次的时候。

【例句】 大成憋了半天，说出一句："咱从来没喝过这玩意儿。"宋黑七说："大姑娘上轿——总有个头一回嘛！来，今儿破个例儿，把它喝光！"（肖玉《大风口》）

大海捞针——难

【释义】 比喻丢失的东西难以找到。

【例句】 刘春眼神黯淡地说："不瞒你讲，我找了好多次了，就像大海捞针一样——难啊！风风雨雨十七年，可怜她无亲无故，生死不明。"（武剑青《云飞嶂》）

大海里的几条小鱼——翻不起什么浪

【释义】 指势力小，成不了气候，影响不了大局。

【例句】 没有啥！几十年枪林弹雨都过来了，现在解放了，人民都站立起来了，极少数胆敢捣乱的敌人，也不过是大海里的几条小鱼——翻不起什么浪了。（张俊彪《鏖兵西北》）

大街上耍剃头刀子——算哪出戏

【释义】 采用反问语气，指胡闹乱来，不成样子。

【例句】 雪娟见他在当街出现这种精神状态，觉着是不应该的疏忽和轻浮。这种轻浮可能导致对乔兰弟不利。于是她抢白他说："你瞎舞爪什么，叫人看见你在大街上耍剃头刀子——这算哪出戏？"（李英儒《还我河山》）

大路朝天——各走一边

【释义】 指各干各的事互不干扰。

【例句】 眼下……没有工夫和你论理，你的嘴长在自己脸上，愿说什么你说什么吧！只是咱们大路朝天——各走一边，你不跟大伙一块干可以走开。（冯

德英《山菊花》)

大热天掉到了冰窖里——浑身凉了

【释义】凉：原指温度低，实指灰心、失望，指人受挫后情绪突然变得低落。

【例句】几句话，使常发贵像大热天掉到了冰窖里——浑身凉了：怎么，这个冒失鬼知道了？（聂海《靠山堡》）

大腿贴邮票——走人

【释义】指离开或出走。

【例句】邓勇亮被激得怒火满腔，他拍着脑门火辣辣地说："只要文化馆肯要，我就大腿贴邮票——走人！"（冯育楠《银沙滩》）

戴斗笠打伞——多此一举

【释义】斗笠：竹叶和草编制成的宽边帽子，用来遮雨或遮挡阳光。指做毫无意义或没有必要做的事情。

【例句】刚才看得一清二楚，活灵活现是两位不掺假的渔民，现在到镇上来卖鱼，再要盘根究底，未免是戴斗笠打伞——多此一举。（严亚楚《龙感湖》）

戴马桶坐大堂——赃（脏）官（冠）

【释义】马桶：大小便用的木桶。坐大堂：旧指官员在衙门大堂办公审案。冠：帽子。"脏"与"赃"音同相谐。"冠"与"官"音同相谐。讥讽人是个贪官污吏。

【例句】别看这个人表面上说什么廉洁公正，其实他可是个戴马桶坐大堂——赃（脏）官（冠）。

戴数珠的老虎——假念弥陀

【释义】数珠：佛教徒念经时用来计算次数的成串珠子，也叫念珠。弥陀：阿弥陀佛的略称，佛教徒口念的佛号，表示感谢神佛等的意思。讥讽凶残的人假装慈悲。

【例句】你别上他的当，他一贯嘴上说得好听，内心却很凶狠，依我看哪，他是个戴数珠的老虎——假念弥陀。

担百斤行千里——任重道远

【释义】比喻责任重大。

【例句】这单位就靠你们了,这些年轻人担百斤行千里——任重道远,现在就应该有思想准备。

当面剥葱——一层一层来

【释义】比喻办事要由表及里一步一步来办。

【例句】别着急,啥事都得当面剥葱——一层一层来。

当了衣服买酒喝——顾嘴不顾身

【释义】比喻只顾一时的局部的利益,不考虑长远的整体利益。

【例句】企业赚了钱,有人主张分光吃净,有人说这是当了衣服买酒喝——顾嘴不顾身,忘了企业要发展。

刀尖上打拳——站不住脚

【释义】比喻立脚不稳没有说服力,或毫无根据。

【例句】你的理由显然是刀尖上打拳——站不住脚。

刀子刻碑——尽说实(石)话

【释义】石:谐"实"。指所说的都是实话,没有撒谎。

【例句】我这个人是刀子刻碑——尽说石(实)话!我叔叔当年到郓城去做官,走至郓城东郊,被梁山泊强盗豹子头林冲给杀了。(王中文《将军舞》)

刀子嘴豆腐心——吃软不吃硬

【释义】 软：词义双关，既指松软，又指软弱。硬：词义双关，既指坚硬，又指强硬。形容人谈话尖刻而心地和善，嘴硬心软。

【例句】 她这个人是刀子嘴豆腐心——吃软不吃硬。您叫我姐姐打发孩子来央求她，她心里一痛快，答应得比我还干脆。

捣蒜槌子——独根儿

【释义】 捣蒜只需一根槌子，所以说"独根儿"。比喻独生子女。

【例句】 他刚懂事的时候常常问妈妈："为啥不给我生个姐姐？"长大一点，又常问妈妈："为啥不给我生个妹妹？"可叹长到二十七岁，还是捣蒜槌子——独根儿。（于敏《第一个回合》）

倒瓤儿的冬瓜——一肚子坏水

【释义】 倒瓤：瓜果等的瓤肉变质、腐烂。比喻人满肚子都是馊主意、坏念头。

【例句】 你这个人只会出坏主意，今天拿我来寻什么开心。真是倒瓤的冬瓜——一肚子坏水！

倒了碾盘砸了磨——实（石）打实（石）

【释义】 "石"与"实"谐音。比喻实实在在。

【例句】 我的朋友都是倒了碾盘砸了磨——实（石）打实（石）的，和我玩虚的，咱们的交情完了。

稻田盖猪圈——肥水不落外人田

【释义】 猪圈盖在稻田里，积的肥料顺便都用在自己田里。比喻好处全归了自己。

【例句】 你觉得过了时的就给你妹妹，稻田盖猪圈——肥水不落外人田，不能给别人，都是很好的东西。

到站的火车——叫得响，走得慢

【释义】 讥讽人只会唱高调，却不行动。

【例句】 要使咱们这个企业扭亏为盈，不能光凭喊口号，还要雷厉风行地实干，千万不能像到站的火车——叫得响，走得慢。

倒吊腊鸭——一嘴油

【释义】 腊鸭：腌制后风干或熏干的鸭。本指腊鸭倒吊起来后流下来的油集中在鸭嘴上，讥讽人油嘴滑舌，油腔滑调。

【例句】 别听他信口开河了！他是倒吊腊鸭——一嘴油，说不出正经的话来。

灯蛾扑火——自取灭亡

【释义】 比喻自招灾祸惹上身。

【例句】 和官府作对，那是惹火烧身！这天下，已合定为一。……倒行逆施，岂不是灯蛾扑火——自取灭亡！（冯德英《山菊花》）

灯盏不加油——枉费芯（心）

【释义】 灯盏：一种简单的无灯罩的油灯。芯：灯芯，与"心"音同相谐。讥讽人白费心机。

【例句】 犯法的事我绝对不会去做，你再花言巧语也没有用，灯盏不加油——你枉费芯（心）！

灯草织布——枉费心机

【释义】 比喻白白花费气力无任何成效。

【例句】 尤占魁见情况不妙，气得跌脚埋怨道："看来村里的一个队报销了，什么内外夹攻，这好有一比：灯草织布——枉费心机！早依我的主意杀了出去，也不至于丢了这队人马。"（罗旋《南国烽烟》）

灯草做琴弦——不值一谈（弹）

【释义】 "弹"与"谈"谐音。比喻没有说的价值，不值一提。

【例句】 既然你认为我们的会面是灯草做琴弦——不值一谈（弹），那还约我见面干吗？

登鼻子上脸——欺人太甚

【释义】 甚：极，厉害。把人欺侮得太厉害，使人无法容忍。

【例句】 前天他来我家闹事，骂人不说，还砸东西，真是登鼻子上脸——欺人太甚！

登梯子上树——攀高枝儿

【释义】比喻攀附有地位、有权势的人。

【例句】想当初我也给你提过醒儿,你非要登梯子上树——攀高枝儿不行,现在终于出了事,这又该怎么说呢?

瞪着眼睛打呼噜——装睡

【释义】指假装睡觉。

【例句】一听说那个讨厌鬼又缠上门来,他跑又跑不了,只好瞪着眼睛打呼噜——装睡。

电线杆上绑鸡毛——好大的胆(掸)子

【释义】"掸"与"胆"谐音。惊叹人的胆子大,常带有讽刺口吻。

【例句】李富贵不由得白了李志农一眼,说:"嘿嘿,电线杆上绑鸡毛——好大的胆(掸)子啊!走,咱们一块上工作组找贾县长评理去!"(林予《咆哮的松花江》)

电线杆子当筷子——大材小用

【释义】材:词义双关,既指木材,又指人才。比喻人事安排不妥当,让有才能的人干微务的工作。

【例句】这样简单的工作,只要会写几个阿拉伯数字,谁都干得了。派一个大学生去干,岂不是电线杆子当筷子——大材小用吗?

电线杆子上晒衣服——架子不小

【释义】架子:词义双关,既指支撑物,又指自高自大的架势。讥讽人摆出一副自以为了不起的臭架子。

【例句】 喂！招呼你呢！连喊你三声都不答应，你电线杆子上晒衣服——架子倒不小哩。

电风扇的脑袋——专吹凉风
【释义】 比喻专门散布冷言冷语，挖苦人。
【例句】 （于山燕说：）"老先叔，你的脑袋装的这些可都是旧思想啊。""我天天听无线电匣子！"老先强辩说："听了不学有什么用呢？""你倒像电风扇的脑袋——专吹凉风。"（杨大群《山燕》）

电烙铁——一头热
【释义】 热：原指温度高，实指热情、热烈。指与事双方，一方热情，另一方冷淡。
【例句】 出乎兰子的意料，不，简直是想也想不到：余征进屋后就对柳大姐说，他昨天的报道不确实，搞错了；化验室那位是电烙铁——一头热，小邱回了她一块河卵石，上面还画了个鬼脸。（奚青《望婚崖》）

电线杆上吊暖壶——高水平（瓶）
【释义】 瓶：谐"平"。指人水平很高。常用于讥讽。
【例句】 好好好，你是电线杆上吊暖壶——高水平；你水平高怎么不当组织部长，呵？要不，咱俩换换得了，你来当我的部长，我去当你的院长。（焦祖尧《这里是湛蓝的天》）

雕花的扁担——中看不中用
【释义】 扁担雕了花的地方承重能力减弱；比喻人徒有外表，其实没有真本事。
【例句】 老二的媳妇，要论模样在咱们村里可是数一数二的，可是干起家务来就一窍不通了。真是雕花的扁担——中看不中用。

吊死鬼扮新娘——人不像人，鬼不像鬼
【释义】 吊死鬼：迷信称吊死的人的鬼魂。讥讽人打扮得不像人样。
【例句】 她身披红被面，围着花床单，脚丫子挑着红皮鞋，那真是吊死鬼扮新娘——人不像人，鬼不像鬼。

吊死鬼搽胭脂——死要脸
【释义】 常用来责骂人不知羞耻。

【例句】你是吃别人的肉养肥的，可也自己毁了自己。我看你还不觉悟，还不感到羞愧，真是吊死鬼搽胭脂——死要脸！（刘浩鹏等《龙公案》）

吊死鬼戴花——死不要脸

【释义】常用来形容人厚颜无耻。

【例句】李春三看不入眼，说他是："吊死鬼戴花——死不要脸！"（杨朔《三千里江山》）

吊死鬼上香火——假充正神

【释义】香火：迷信供佛敬神时点燃的香和灯火。常用来讥讽作风不正派的人假装成正经人物。

【例句】秋菊大声道："……白日莫做亏心事，哪怕半夜鬼敲门。你要给青顺说什么，你就说呀！我权当没长耳朵。要给青顺做什么，做呀，当我是瞎子好了！"周玉莲说："秋菊嫂子，你这话就——"秋菊火气更大了："呸！吊死鬼上香火——假充正神！"（田雁宁等《都市放牛》）

掉进油缸里的老鼠——滑头滑脑

【释义】比喻人耍奸卖滑，不牢靠。

【例句】一个临时工，还像掉进油缸里的老鼠——滑头滑脑，怎么能干长呢？

掉了毛的刷子——有板有眼

【释义】比喻办事有条理。

【例句】也许是当过会计的原因，他办起事来总是像掉了毛的刷子——有板有眼的。

掉到大海里的一根针——没处抓没处捞

【释义】形容无处可找。

【例句】小田看着限令只剩下两天时间了，可炸药呢？像掉到大海里的一根针——没处抓没处捞。（刘江《太行风云》）

掉进冰窟窿里——从头到脚都凉

【释义】形容人丧失信心，彻底绝望。

【例句】"报名？"那个干部笑了笑，"来晚啦，小伙子。"……那位干部拿出一本花

名册，拍打着说："前天上午名额就满了！"欧阳海好像掉进冰窟窿里——从头到脚都凉了。（金敬迈《欧阳海之歌》）

掉进了死胡同儿——钻不出来

【释义】死胡同儿：走不通的小巷。指陷入绝路，无法解脱自己。

【例句】瞧你，谈理论，谈别人的问题，样样都清楚，为什么一结合到你自己，倒掉进了死胡同儿——钻不出来了？（高云览《小城春秋》）

爹死娘嫁人——各人顾各人

【释义】比喻只顾自己，不顾别人。

【例句】罗雄火辣辣地说："我看你的分散就是散伙思想！你的隐蔽就是悲观失望！按你这种爹死娘嫁人——各人顾各人的办法，哪里像革命噢！"（黎汝清《万山红遍》）

碟子里盛水——一眼看到底

【释义】比喻事情很容易就能看明白。

【例句】是不是假货，碟子里盛水——一眼看到底，你别抱任何幻想了，还是交代吧。

疔疮长在喉头上——有痛不能说

【释义】疔疮：也叫疔，中医指病理变化急骤并有全身症状的毒疮，形状像钉子。痛：词义双关，既指疼痛，又指痛苦。比喻心里有苦说不出。

【例句】他在外面闯荡了大半辈子，结果落得光身一人回家，在儿女面前，他是疔疮长在喉头上——有痛不能说！

顶针儿眼儿多——个个不通

【释义】 顶针儿：做针线活时戴在手指上的铁环，上面满是小窝儿，用来顶住针鼻儿，使针容易穿过而不伤手指。比喻每个人都不明事理。

【例句】 虽然他们家四世同堂，但顶针儿眼儿多——个个不通，都是浑球，不讲道理。（麦冬《腊月纪事》）

钉马掌的敲耳朵——离题（蹄）太远

【释义】 钉马掌的，就是给大牲口蹄子上钉马蹄铁的人；"蹄"谐"题"。比喻远离主题。

【例句】 收税的问题和娶亲有什么关系，真是钉马掌的敲耳朵——离题（蹄）太远。

丢了西瓜拣了芝麻——顾了小头儿丢了大头儿

【释义】 比喻人因小失大，得不偿失。

【例句】 无论学习哪门课程，都要学会抓住重点，融会贯通，千万不要丢了西瓜拣了芝麻——顾了小头儿丢了大头儿。

东北的二人转——一唱一和

【释义】 二人转，东北地方的一种曲艺形式。比喻互相配合，相互呼应。

【例句】 真不愧是两口子，东北的二人转——一唱一和的，都是他们的理了。

冬瓜皮作帽子——霉上了顶

【释义】 比喻遇上了不痛快或倒霉的事。

【例句】 小三子今夜想想懊恼：难得有戏看，偏偏轮到我当班站岗，真是冬瓜皮作帽子——霉上了顶。（《特殊身份的警官》）

冬天戴皮帽——不动（冻）脑筋

【释义】 戴上皮帽，则冬天脑袋不觉冷，"冻"与"动"谐音。比喻没有认真地思考。

【例句】 连这么简单的题都做错了，你是不是冬天戴皮帽——不动（冻）脑筋？

董卓进京——不怀好意

【释义】 比喻别有图谋或居心不良。

【例句】 不要轻信他的花言巧语，他是董卓进京——不怀好意。

懂三也懂五——就是不懂事（四）

【释义】 "四"与"事"相谐。比喻不明事理，不会处事。

【例句】 小伙子，你还年轻，社会很复杂，对于官场来说，你懂三也懂五——就是不懂事（四）。

冻豆腐——没法儿办（拌）

【释义】 豆腐冻了发硬，没法拌。"拌"与"办"谐音。比喻事情不好办或人的思想行为有问题，不好对付。

【例句】 这事儿牵扯的头绪太多，实在是冻豆腐——没法儿办（拌）。

斗败的公鸡——神气不起来

【释义】 指精神萎靡，一蹶不振。

【例句】 丁万财像一只斗败的公鸡——再也神气不起来了，只好老老实实交待了酒店掌柜如何向他探问游击队的情况，他自己又如何受了煽动，不让李三小铸成地雷的经过。（田东照等《龙山游击队》）

豆腐掉进灰堆里——吹也吹不得，打也打不得

【释义】 形容人很难对付，软硬都不行。

【例句】 有些孩子娇生惯养，弄得像豆腐掉进灰堆里——吹也吹不得，打也打不得。今后必须对他们严格要求。

豆腐掉到灰窝里——打不得，提不得，丢不得，舍不得

【释义】 形容事情很难办，什么办法都行不通。

【例句】 不知为什么，只要涉及到中纺的问题，他就觉得有一股扯不断、理还乱的感觉，就好像豆腐掉到灰窝里——打不得，提不得，丢不得，舍不得。（张平《抉择》）

豆腐佬摔担子——倾家荡产

【释义】 豆腐佬：卖豆腐的。倾：倒出。荡：弄光。卖豆腐的摔担子，就把豆腐全摔碎了。比喻全部家产丧失殆尽。

【例句】 程双虎嘲笑地想："死到临头，还想挣扎？ 老子让你来个豆腐佬摔担子——倾家荡产！"他再一次加大速度追了上去，这回一定要叫他在空中就粉身碎骨。（《翼上》）

豆干饭——闷(焖)着
【释义】焖:谐"闷"。指该说话时偏不吭声。
【例句】嘿,瞧你这个人,你怎么豆干饭——闷着,不早说呀!(浩然《艳阳天》)

豆芽长上天高——还是个小菜
【释义】豆芽长得再长,仍不过是个小菜。比喻不论怎样,也没有什么了不起。表示蔑视、看不起。
【例句】一些老同志认为,年轻同志干得再好,也是豆芽长上天高——还是个小菜。

豆腐炖骨头——有软有硬
【释义】比喻软硬兼施。
【例句】对待手下的工人,刘包工头是豆腐炖骨头——有软有硬,工人们敢怒而不敢言。

豆腐店老板卖磨——没法推了
【释义】磨豆腐在过去全靠用石磨磨。比喻事情推脱不了。
【例句】你看,连董事长都来了,这回豆腐店老板卖磨——没法推了吧。

独臂包饺子——一手包办(拌)
【释义】"拌"与"办"谐音。比喻一个人包揽了所有活儿,或主要由一个作主,不与他人商议。
【例句】他们的婚姻就让他们自己做主吧,做父母的,可以提建议,但没权力独臂包饺子——一手包办(拌)。

独木桥上遇仇人——冤家路窄
【释义】比喻不愿意见面的人,偏偏容易碰到,躲都躲不开。
【例句】"真是独木桥上遇仇人——冤家路窄,我们又见面了,这回说什么也不会放过你。"王一啄大声说。

独眼龙看告示——一目了然
【释义】比喻一眼就看明白。
【例句】站在十层楼楼顶,整个城市是独眼龙看告示——一目了然。

独眼龙相亲——一眼看中

【释义】 比喻一见钟情,马上就相中了。

【例句】 也许两人真是有缘,第一次见面,二人独眼龙相亲——一眼看中,这不,自己谈起来了。

独头蒜——没伴(瓣)

【释义】 独头蒜:没分成瓣状的蒜头。瓣:谐"伴"。指单身,未结婚成家。

【例句】 跨入了八十年代,倪镝才告别了清州,几经周折,回到天津。想来万分愧怍——他不缺鼻子,不少眼,有些特长,台面儿也满拿得出去!眼看就要过三十三岁的生日,却依旧是独头蒜——没伴(瓣)。(韩冬《原欲》)

肚皮里安电灯——心里亮堂堂

【释义】 比喻内心清楚,明了。

【例句】 他是干什么的,见多识广,肚皮里安电灯——心里亮堂堂,绝对骗不了。

肚脐眼儿说话——妖(腰)言

【释义】 "腰"与"妖"谐音。指迷惑人的邪说。

【例句】 有人说地球快爆炸了,这纯粹是肚脐眼儿说话——妖(腰)言!

肚子里撑船——内行(航)

【释义】 "航"与"行"谐音。比喻对本行业的工作及业务精通熟练,经验丰富。

【例句】 没想到你小小年纪,在数学领域还是肚子里撑船——内行(航)呀。

肚里长牙齿——心真狠

【释义】 形容极其狠毒。

【例句】 可是,管家怀德肚里长牙齿——心真狠啊!把志强用生命换得的一袋米抢走,又将煮饭的汤罐劫跑。(严亚楚《龙感湖》)

肚脐眼插冰棍儿——寒心

【释义】 比喻令人失望而感到痛心。

【例句】 得不到他的感谢不说,还落下一堆不是,想起来,真令人肚脐眼插冰棍儿——寒心。

端着金碗讨饭——装穷叫苦

【释义】 讥讽人不能利用自身条件,勤劳致富,却总想依靠别人的施舍过日子。

【例句】 咱们这里也有资源和人才,只不过没有开发和利用起来,可不能端着金碗讨饭——对政府装穷叫苦。

断了线的风筝——身不由己

【释义】 风筝断了线,只能随风飘荡。比喻不能自主,听人摆布。

【例句】 这件事虽然做得不太光彩,但我也是断了线的风筝——身不由己呀!

断了线的风筝——下落不明

【释义】 指某人不知行踪,音信全无。

【例句】 苗小荞子自从正月初六出门,跟一伙酒肉朋友做二道贩子生意,便肉包子打狗一去不回头,断了线的风筝——下落不明。(刘绍棠《蒲柳人家》)

断了线的喇叭——没了音

【释义】 喇叭:指广播扬声器,俗称广播喇叭。音:词义双关,既指声音,又指音信。比喻断了音信。

【例句】 小刘走了三个月没有信,也没有电话来,像断了线的喇叭——没了音了。

对着镜子作揖——自己恭维自己

【释义】 比喻自我夸耀或自吹自擂。

【例句】 光彩!光彩!真是对着镜子作揖——自己恭维自己哩!自个儿爹娘还不够侍奉,再给你添一群老爹老娘!(李准《李双双小传》)

多吃了咸盐——净管闲(咸)事

【释义】 "咸"与"闲"谐音。比喻爱管无关紧要或与自己不相干的闲杂事。

【例句】 一大早,刘妈妈就嚷:"你是不是多吃了咸盐——净管闲(咸)事!自己家都快散架了。"(麦冬《土房子》)

E

鹅吃草,鸭吃谷——各人自有各人福

【释义】 比喻各人所爱或所求虽有所不同,但各自都对此自得其乐。

【例句】 她听了,满脸的不高兴,说道:"鹅吃草,鸭吃谷——各人自有各人福,你们再看不起我,我也过得很好,没麻烦你们什么。"

峨眉山上的猴子——要多精有多精

【释义】 峨眉山:在四川境内,中国有名的风景区,有猴群。本指峨眉山上的猴子很机灵,转指形容人很精明。

【例句】 他从小机灵活泼,谁见了谁喜欢,都说他是峨眉山上的猴子——要多精有多精。

恶棍打官司——拿着不是当理

【释义】 恶棍,凶恶无赖专欺压别人的人;不是指缺点错误。比喻把自己的缺点错误当成理由或道理。

【例句】 "恶棍打官司——拿着不是当理,这也太欺负人了,不行,我们去找他算账!"小三对全家说。

饿狗啃骨头——恨不得嚼出油来

【释义】 油:既指油脂,又指油水、利润。比喻贪婪地榨取钱财。

【例句】 那个老板对厂里的工人千方百计地剥削压榨,像饿狗啃骨头——恨不得嚼出油来。

饿狗争食——自相残杀

【释义】 饿狗在争吃食物时,互相争夺撕咬。比喻内部发生矛盾而互相残杀。

【例句】 稠密的人群纷纷应声而倒，马上又有一些人去抢。接着又有人开枪。这样空投场就变成了饿狗争食——自相残杀的屠场。(《淮海大战》)

饿汉吃树皮——饥不择食

【释义】 比喻在急需的时候，就顾不得作任何选择了。
【例句】 饿汉吃树皮——饥不择食，都快渴死了，还讲什么干净不干净的，有这洼水已是老天照顾了。

鳄鱼的眼泪——假慈悲

【释义】 据说，鳄鱼吞食人畜时，一边吃，一边流眼泪。比喻坏人内心凶恶，却假惺惺地伪装慈悲。
【例句】 "不要给我来这一套，鳄鱼的眼泪——假慈悲！"他怨气冲天地大叫。

儿媳妇的肚皮——装孙子

【释义】 比喻假装不懂、不会、不敢或不知情。
【例句】 "明明知道你为什么不说，分明是儿媳妇的肚皮——装孙子，看我怎么处理你！"处长怒气冲冲地说。

儿媳妇坐月子——生人

【释义】 坐月子，指妇女生孩子。比喻是陌生人。
【例句】 我在他们眼里，是儿媳妇坐月子——生人，而你是老熟人，熟人好办事，这事你去办更合适。

耳朵塞鸡毛——装聋

【释义】 比喻假装没有听见。
【例句】 大宝回来了，大宝回来了！告诉你好几遍了，你却无动于衷，耳朵塞鸡毛——装聋。

二踢脚上天——高升

【释义】 原指升到高空，实指职务或地位提升。
【例句】 "是呀，当兵的稍微差上一点，就要出事。你看，兵字只要少一点，不是乒就是乓。乒乓一下，不就完了？""……亨德，你说得根本不对。要我说，乒乓一声，就是二踢脚上天——高升了。"(刘江等《太行飞虎队》)

二月间的桃子——不熟

【释义】 原指不成熟，实指不熟悉。

【例句】 于大雄压低声音说："王超，开门吧！熟人。"王超开开门，故作惊讶道："啊哟，二月间的桃子——不熟呀！"（徐君慧《澎湃的赤水河》）

二分钱打瓶醋——又贱又酸

【释义】 比喻故意装腔作势，矫揉造作。

【例句】 "二分钱打瓶醋——又贱又酸，你还觉得很得意，是不是太没有自知之明了？"（雪川《文人之轻》）

二郎神的钢叉——两面三刀

【释义】 二郎神所使用的兵器，是两面三刃刀。比喻人立场不坚定，当面一套，背后一套，耍两面派。

【例句】 他不但胆小怕事，而且还像二郎神的钢叉——两面三刀，没什么出息。

F

发高烧吃糨子——满口胡（糊）诌（粥）

【释义】 "糊"与"胡"谐音，"粥"与"诌"谐音。比喻胡说八道。

【例句】 你说昨天还见到了我，这不是发高烧吃糨子——满口胡（糊）诌（粥）吗？我出差今天才回来。

反贴门神——不对脸

【释义】 门神:旧俗贴在两扇门上以为能驱鬼避邪的神像。脸:词义双关,既指脸盘儿,又指脸面。本指门神画像不相对;转指人双方感情不投合,或意见不同而不能共同协调。

【例句】 我走的是勤劳致富的路,你说的那个道儿是歪门邪道儿,跟我是反贴门神——不对脸。

贩古董的——识货

【释义】 本指古董商人有鉴别古董的能力,转指人有识别真假好坏的眼力。

【例句】 他搞编辑这一行已经十几年了,贩古董的——识货,书的好坏,他一眼就能看出来。

房顶上开门——六亲不认

【释义】 房顶上开门,指把可走的门全堵死了,不与外界交往。比喻不论什么亲友关系都不认账。

【例句】 "不论如何发达也不能房顶上开门——六亲不认,帮过咱的人都是恩人呀,要记一辈子!"郑大爷叮嘱考上大学的儿子。

房檐上种菜——无缘(园)

【释义】 园:菜园。"园"与"缘"音同相谐。指人与人之间没有缘分。

【例句】 你坚持要出国,我坚持去大西北,走不到一起,看来,咱们是房檐上种菜——无缘(园)啦。

房梁上挂暖壶——高水平(瓶)

【释义】 "瓶"与"平"谐音。比喻人水平高,能力强。

【例句】 真想不到,他虽然学历不高,但在这次实验中表现突出,房梁上挂暖壶——高水平(瓶),连专家也伸大拇指。

房檐滴水——点点入旧窝

【释义】 房檐上往下滴水,总是滴在一个地方,渐渐滴成一个小窝儿。比喻循规蹈矩,依旧如故。

【例句】 新换了领导,但房檐滴水——点点入旧窝,什么新举措也没有。

房檐上的冰凌柱——根子在上边

【释义】 冰凌柱，也就是冰锥子，檐头滴水凝成的锥形冰。比喻说话做事是根据上级的指示精神。也比喻上边有后台，有靠山。

【例句】 我实说给你，不要以为张县长说的是个人意见，就真是他个人意见，老百姓有句俗话：房檐上的冰凌柱——根子在上边哩！（王东满《漳河春》）

放出笼子的鸟——远走高飞

【释义】 比喻逃到很远的地方，再也不回来。

【例句】 这哪叫私奔，我看这是放出笼子的鸟——远走高飞。

放炮不点捻儿——咋想（响）的

【释义】 炮，即爆竹，要点燃药捻来放。"响"与"想"谐音。比喻如何想出来的，或怎么认为的。

【例句】 小王，你也表个态，说说放炮不点捻儿——咋想（响）的？

放羊佬拾柴——一举两得

【释义】 比喻做一件事有两种收获。

【例句】 一边值班一边织毛衣，行啊，放羊佬拾柴——一举两得。

飞蛾扑火——自送死

【释义】 飞蛾：蛾子，有扑火的习性。飞蛾向火焰扑去，必定被火焰烧死。比喻自我找麻烦，自寻死中路。

【例句】 你们南唐这帮战将，还妄想吞并我大宋江山？真是飞蛾扑火——自送死。（张贺芳等《呼杨合兵》）

飞机上吹喇叭——空想（响）

【释义】 "响"与"想"谐音。指脱离实际的想象、想法。

【例句】 经过热烈讨论，多数人认为班长提出的任务可以完成。可也有人认为指标定得太高，是飞机上吹喇叭——空想（响）。

飞机上张网——捕风捉影

【释义】 在飞机上张网只能捕捉风和影子；形容人说话或做事只凭借一些似是而

非的迹象来进行推论或行事。

【例句】 说话一定要根据事实，千万不能飞机上张网——捕风捉影。

飞机上摆手——高招

【释义】 比喻手段高明或办法绝妙。
【例句】 "太好了！真是飞机上摆手——高招，咱们村有救了！"老村长兴奋地大叫。

飞机上聊天——空谈

【释义】 比喻不切合实际的言论，或只提出意见或方案而无实际行动。
【例句】 这些想法倒不错，但一直飞机上聊天——空谈，恐怕永远也不会有收获。

飞机上生孩子——高产

【释义】 生孩子就是生产。比喻产量很高。
【例句】 一年出了三本新书，真是飞机上生孩子——高产。

肥皂泡——吹得再大也要破

【释义】 破：既指破裂，也指破灭。比喻牛皮吹得再大也免不了要破灭。
【例句】 说话要实事求是，不要自我吹嘘。记住，肥皂泡——吹得再大也要破。

肥猪往屠夫家里跑——送上门来的货

【释义】 屠夫：旧时称以宰杀牲畜为职业的人。责骂自己找上门来送死的人。
【例句】 他回来正好！公安部门通缉他一年了，正是肥猪往屠夫家里跑——送上门来的货。

坟地里的夜猫子——不是好鸟

【释义】 比喻神经兮兮，不是好人或好的东西，令人讨厌。
【例句】 自我评价倒很高，其实大家心里都清楚，他呀坟地里的夜猫子——不是好鸟。

坟地里冒青烟——阴阳怪气

【释义】 比喻怪里怪气。
【例句】 这个人一点稳重劲儿也没有，四五十岁了，说话就像坟地里冒青烟——阴阳怪气的。

坟头上耍大刀——吓鬼

【释义】比喻张牙舞爪吓唬不了人,没人害怕。

【例句】坟头上耍大刀——吓鬼,收起你的那一套吧,你老了,没威风了。

粉刷的老鸹——白不长

【释义】老鸹,就是乌鸦,全身都是黑色,如果用白粉把它刷一下,只能暂时成白的。比喻伪装隐瞒不了事实真相,欺骗难以维持长久。

【例句】粉刷的老鸹——白不长,你还是原原本本地把事情的经过讲出来吧,坦白从宽,抗拒从严。

粉条子炒藕——无孔不入

【释义】粉条是细长而滑溜的,藕有许多孔。比喻利用一切机会来做不好的事的人。

【例句】犯罪分子就像粉条子炒藕——无孔不入,我们一定要加强戒备。

粪船过江——装死(屎)

【释义】"屎"与"死"谐音。比喻诈死。

【例句】见到熊瞎子离自己越来越近,薛秉再逃已不可能,别无他法,粪船过江——装死(屎)吧,他记得哪本书上说过,熊不吃死人。(雪川《丛林历险》)

粪堆上插杆秤——过分(粪)

【释义】插杆秤是要过一过粪的重量。"粪"与"分"谐音。比喻超出了范围,超过了限度。

【例句】真是粪堆上插杆秤——过分(粪),看来不给你点厉害瞧瞧你不知道马王爷三只眼!

粪堆上开花儿——臭美

【释义】本指粪臭花美,讥讽在人前拙劣地显示自己漂亮或能干。

【例句】你没话找话,瞎吹什么!别粪堆上开花儿——臭美!谁不知道你那两下子!

佛爷的眼珠——动不得

【释义】原指佛爷的眼珠不能转动,实指人走不开,离不开。

【例句】女同志们一进门,八婆说:"稀客,请坐。"艾红说:"没空!"八婆说:"贵足踏贱地,有何见教?"喜枝说:"别转臭文,快收拾收拾打蚂蚱去。"八婆说:"我这里是佛爷的眼珠——动不得。"(李英儒《上一代人》)

佛爷放屁——神气十足

【释义】比喻十分得意、傲慢。

【例句】看看他那样子,佛爷放屁——神气十足,有资本了。当初走的时候是个穷光蛋,现在再回老家,是可以投资的大老板、财神爷!(季子山《那山那人》)

服装店里开饭馆——有吃有穿

【释义】比喻衣食无忧,不愁吃穿。

【例句】现在,小日子过得不错,服装店里开饭馆——有吃有穿,银行里还有了存款。

G

干柴遇烈火——一点就着

【释义】指一动员热情迅速高涨起来。

【例句】我把这事和平素跟我合得来的几个庄稼汉说了,他们一听都像干柴遇烈火——一点就着了,都想离开这个背时的地方,去找红军。(马识途《找红军》)

甘蔗当吹火筒——不通

【释义】形容说话或做事不通情理。也比喻对某些问题想不通。

【例句】你虽然觉得有道理，但道理是你自己的，不是大家的，怎么听起来，也是甘蔗当吹火筒——不通。（麦冬《艰难的抉择》）

甘蔗命——吃一节算一节

【释义】比喻处世态度消极，得过且过，混一天算一天。也形容生活艰辛，无可奈何，只得走一步算一步。

【例句】说一千，道一万，我还不是甘蔗命——吃一节算一节，连个正经的工作也找不到，还有什么心情？（海翁《下岗人》）

赶车不带鞭子——光拍马屁

【释义】赶车的忘记带鞭子，要让马快走，只好用手拍马的屁股。比喻只会谄媚、奉承。

【例句】宿一水不愧是当秘书的，赶车不带鞭子——光拍马屁，整天把老局长哄得高高兴兴。（鹿庆《白菊》）

赶鸭子上树——难

【释义】比喻事情很难办到。

【例句】罗老九的眼睛亮了一下，但又立刻黯淡下去，他摇摇头说："赶鸭子上树——难呀。眼眉毛底下的事还搞不清，哪想得那么远。"（武剑青《云飞嶂》）

擀面杖吹火——一窍不通

【释义】擀面杖，擀面用的圆形木棍儿，实心儿，没有通气的窟窿。比喻一点儿也不懂。

【例句】老吴摇了摇头，说道："你要写文章，咱是擀面杖吹火——一窍不通。"（丁玲《太阳照在桑干河上》）

擀面杖当笛子吹——没眼儿

【释义】比喻不熟悉情况，办事摸不着门路。也比喻反映迟钝或思想不开窍。

【例句】没有您这个中国通帮忙，我还不是擀面杖当笛子吹——没眼儿，一郎先生，您就别谦虚了。（霍兰丹《我们不是侵略者》）

刚进庙的和尚念佛经——现学现唱

【释义】比喻边学边用。也指仓促应对。

【例句】老石说："我这是刚进庙的和尚念佛经——现学现唱，都是临来的时候别人教的，可别以为我有什么内秀！"(《浪花之歌》)

缸里的金鱼——中看不中吃

【释义】中：好。指表面好看，没有实际用处。

【例句】自古以来，只有农民养塘鱼，哪有农民养金鱼的呢？俗话说，缸里的金鱼——中看不中吃嘛！(华棠《养金鱼的多重奏》)

钢锤砸铁钉——实打实

【释义】形容这人实在，忠厚。

【例句】我从认识你那一天起，就一心一意想跟你好。我对你的感情是钢锤砸铁钉——实打实的，没一点儿虚情假意。

高空跳伞——一落千丈

【释义】形容人的景况、声誉、地位等急剧下降。

【例句】他的丑闻曝光后，声誉像高空跳伞——一落千丈。

高粱秆打狼——两头害怕

【释义】打狼的人因知高粱不够结实而害怕，狼则因为人手持棍子而害怕。比喻当事的双方都有顾虑。

【例句】听说查案的来了，包不倒是高粱秆打狼——两头害怕，既怕事情败露，又怕被家里人知道，这觉可就睡不踏实了。(《功德碑》)

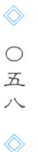

高人走到矮檐下——不得不低头

【释义】 个子高的人要想经过矮房檐，必须低下头才能过去。比喻处在别人权势之下，不能不低头服输。

【例句】 如此的人多势众，他就是浑身是胆，此刻也高人走到矮檐下——不得不低头呀。

高射炮打蚊子——大材小用

【释义】 本指把大的材料用在小的地方，比喻有大才能的人被放在不重要的岗位工作。

【例句】 老李，让你当一般干事，说句笑话，是有点儿高射炮打蚊子——大材小用，等有机会再调整吧。

胳膊肘往外拐——吃里爬外

【释义】 比喻遇到事情不是向着自家，而是向着外人。

【例句】 这个人常常胳膊肘往外拐——吃里爬外，任用这样的人可要小心。

割草打兔子——捎带的事儿

【释义】 比喻干某事时顺手干了另外一件事。

【例句】 您也别谢我，这还不是割草打兔子——捎带的事儿，谁让咱们有这点权力呢。

隔靴搔痒——抓不到实处

【释义】 隔着靴子挠痒，很难挠到痒处。比喻处理问题没有抓到要害，没有找到关健。

【例句】 没有调查就没有发言权，隔靴搔痒——抓不到实处，想彻底解决问题，不深入实际不行。

隔着布袋买猫——不知黑白

【释义】 比喻分不清青红皂白，或分不清好歹。

【例句】 你这么大个人，隔着布袋买猫——不知黑白，你说可怜不可怜？（严尘《霜雪天》）

隔着黄河握手——差远了

【释义】 比喻相差甚远，悬殊很大。

【例句】 我这买卖和您这跨国公司比起来，那是隔着黄河握手——差远了，您还要栽培栽培小弟呀！

隔年的皇历——翻不得
【释义】 指陈旧过时的事物，不能套用于新的情况。
【例句】 过去的老规程还提他干什么？隔年的皇历——翻不得！现在要解决新的问题，还得另想办法。

隔山打隧道——里应外合
【释义】 按照测定的路线里外配合着打隧道，比喻做事要讲究协作、配合。
【例句】 这次卧底是为了隔山打隧道——里应外合，你们什么时间行动，等我的命令。

隔着门缝儿看人——把人瞧扁了
【释义】 指轻视、小看人。
【例句】 我船来船往也不知走过多少回，从没有出过事故，你别隔着门缝儿看人——把人瞧扁了，对我这样不放心！

给死人医病——白费工夫
【释义】 比喻做事白白操心费力，没有任何收获，徒劳无益。
【例句】 改变图案怎么不早说，几十名工人干了半天了，这不是给死人医病——白费工夫吗！（雪川《心林》）

耕地里背口袋——有种
【释义】 比喻有骨气、坚强。
【例句】 敌人严刑拷打了三天，他仍没有开口，不愧是共产党员，耕地里背口袋——有种！（子德《1943年纪事》）

公鸡头上一块肉——大小是个官（冠）
【释义】 "冠"与"官"谐音。指人官职虽然不高，总还是个管事的头头儿。
【例句】 刚当上班长，就自以为了不起了。可别说，公鸡头上一块肉——大小是个官（冠）么。

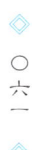

狗掀门帘子——全凭嘴的功夫

【释义】 嘴：词义双关，既指嘴巴，又指说话。讥讽人没有别的本事，全靠耍嘴皮子。

【例句】 "听说他升了处长？"小谢说。"那算什么，还不是狗掀门帘子——全凭嘴的功夫！"小王不屑地说。

狗熊掰玉米——瞎忙

【释义】 本指狗熊掰玉米，掰一个，丢一个；转指徒劳无功，毫无益处。

【例句】 咱们跑了一夜，累得腰酸腿痛，也没见到他们的影子。狗熊掰玉米——咱们是瞎忙了。

狗咬狼——两头藏

【释义】 本指狗狼相互攻击，都怕被咬，所以互相躲藏来争取主动攻击对方；比喻争斗的双方都存有顾忌。

【例句】 他们是狗咬狼——两头藏，谁也不敢先动手，我们就乘此机会先把他们分开。

狗长犄角——出洋（羊）相

【释义】 "羊"与"洋"谐音。狗长出犄角，现出羊的样子；比喻人闹笑话，出丑。

【例句】 这次上台表演，他不但穿得太花哨，而且一直跳错舞步，让观众大伤胃口，真是狗长犄角——出洋（羊）相。

狗坐轿子——不识抬举

【释义】 抬举：语义双关，既指抬和举的动作，又指人受重视，被推崇。责骂人不领会或不接受别人的好意。

【例句】 你这个人，狗坐轿子——不识抬举。人家上宾相待，你反而爱搭不理。

狗鼻子插葱——装相（象）

【释义】 象：谐"相"。常用来讥讽人装模作样。

【例句】 没那么多机关枪，想别的法儿，扛着木头枪，狗鼻子插葱——装象，不让人家笑掉大牙！（王厚选《古城青史》）

狗扯羊肠——越扯越长

【释义】 指人闲谈漫无边际没完没了。

【例句】 "你不要狗扯羊肠——越扯越长。"康老伯又吼叫起来,"你只说一句,去嘛不去?"(莫伸《三贫镇风波》)

狗啃骨头——天生喜欢吃硬的

【释义】 指对付某人用软的办法不行,要用硬的办法。

【例句】 阎鬼婆骂道:"……好言好语难商量,再不给你点颜色瞧瞧,你就不知道老娘的马王爷三只眼。你们这些人,真是狗啃骨头——天生喜欢吃硬的"。(房群等《剑与盾》)

狗咬刺猬——无从下口

【释义】 形容事情难办,无从着手。

【例句】 李孝臣听了这话目瞪口呆,面对着这软硬不吃的人,他真有点狗咬刺猬——无从下口了。(林井然《巍巍的青峦山》)

狗咬吕洞宾——不识好人心

【释义】 吕洞宾:道教传说中的八仙之一,也叫吕祖。传说吕洞宾曾为超度一个屠夫,被这个屠夫养的狗咬了一口,后来吕洞宾把这条狗也超度了。或把好心当作歹意。

【例句】 "我说不去,就不去,扯我做什么?"谢庆元心里烦躁,容易来火。"哟,哟,你这真是狗咬吕洞宾,不识好人心。好吧,我不勉强你。"(周立波《山乡巨变》)

狗吃豆腐脑——闲(衔)不住

【释义】 "衔"与"闲"谐音。比喻闲不下来。

【例句】 虽然退休了,但还是狗吃豆腐脑——闲(衔)不住,这不,在劳务市场见到了他。

狗带嚼子——胡勒

【释义】 比喻说话、议论没有根据或不符合实际情况,胡诌乱扯。

【例句】 什么三大转一大响,四季三套对着躺,缺一样也甭想入洞房……康秀云一撇嘴:"真是狗带嚼子——胡勒!"(《花开花落》)

狗撵鸭子——呱呱叫

【释义】 比喻干得很出色、很漂亮。
【例句】 你真棒，狗撵鸭子——呱呱叫，下次有这样的活儿，还找你干。

狗皮膏药——贴上了

【释义】 比喻纠缠不放，摆脱不掉。
【例句】 听说我当了支书，就狗皮膏药——贴上了，揭也揭不掉啦。（浩然《艳阳天》）

狗熊拉磨——不吃这一套

【释义】 要让狗熊拉磨，却怎么也套不上去。比喻不接受某种做法，或不去上当。
【例句】 哪怕天王老子来做工作，这家伙也是狗熊拉磨——不吃这一套，铁了心了。

狗熊钻烟囱——太难过

【释义】 形容处境困难或窘迫而悲伤。
【例句】 希望化悲痛为力量，千万不要狗熊钻烟囱——太难过，在坛子里放炮——想不开呀！（《俏皮话悼词》）

狗咬狗——两嘴毛

【释义】 比喻坏人相斗，两败俱伤。
【例句】 可是一想到这场官司，打来打去，不过是两家地主在争风吃醋，不由得暗笑，说："狗咬狗——两嘴毛罢啦！"（梁斌《红旗谱》）

狗咬乌龟——找不着头

【释义】乌龟遇到危险,就把头缩进龟盖子里。比喻困难很大或问题复杂,不知从哪里入手解决,或找不到头绪。

【例句】都是十年前的账了,狗咬乌龟——找不着头,还是别算了!

狗咬月亮——不知天高地厚

【释义】比喻一些人妄自尊大,不知道事物的艰难和复杂。

【例句】你的胆子也太大了点,谁都敢顶撞,狗咬月亮——不知天高地厚!

狗走千里吃屎——本性难移

【释义】比喻人的秉性、脾气很难改变。

【例句】真是狗走千里吃屎——本性难移,这么多年过去了,他还是那么贫。

骨头卡在喉咙里——咽不下,吐不出

【释义】比喻受了窝囊气,忍又忍不住,说又不能说出来。

【例句】在他手下当差真是倒霉,有时候那感觉就像骨头卡在喉咙里——咽不下,吐不出。

古庙前的旗杆——独一根

【释义】比喻只有一个。

【例句】街道上的三个二流子,有两个已经到厂子上班去了,只有冯家老二是古庙前的旗杆——独一根,还得下点功夫。

谷子地里点玉米——高出一截儿

【释义】点:点种。本指玉米高出谷子很多,转指某人或事物比一般程度高出很多。

【例句】咱们这几年的生活,要是跟前几年比,那可是谷子地里点玉米——高出一大截儿啦。

刮大风撒蒺藜——连讽(风)带刺

【释义】蒺藜,一种带尖刺儿的草籽儿。"风"与"讽"谐音。比喻毫不留情地指责嘲讽。

【例句】一个下午,他是刮大风撒蒺藜——连讽(风)带刺,闹得老王脸上是红一阵,白一阵。

寡妇死了儿子——没指望

【释义】指希望落了空，失去了盼头。

【例句】谁料等下车伸个懒腰摸口袋，顿时惊得他张飞穿针大眼瞪小眼——钱和存款单都不翼而飞。尽管他两只手在全身上下来来回回捏了不下二十遍，仍是寡妇死了儿子——没指望。（范茂龙《失算》）

关夫子面前耍大刀——不自量力

【释义】关夫子：对三国时蜀汉大将关羽（字云长）的尊称。指人过高估计自己的力量。

【例句】站在向荣身边的张国梁，手指城下惊呼道："军门，可别上当。为首的那两个小子我认识，一个叫李开芳，一个叫林凤祥。他们都是洪逆的爪牙！"向荣冷笑道："长毛子竟使出了诈城之计，真是关夫子面前耍大刀——太有点不自量力！"（单田芳《百年风云》）

关二爷当木匠——大刀阔斧

【释义】关二爷，指关云长，善使大刀。比喻办事果断有魄力。

【例句】既然是改革，就应该关二爷当木匠——大刀阔斧，大踏步前进！

关公战秦琼——挨不上

【释义】关公，就是《三国演义》中的关羽；秦琼，就是《隋唐演义》中的秦叔宝；二人相距好几百年。比喻毫不相干。

【例句】这都是哪儿跟哪儿的事，关公战秦琼——挨不上！

关节炎遇上连阴天——老毛病又犯了

【释义】比喻旧病复发或重犯以前的错误。

【例句】还改邪归正呢，关节炎遇上连阴天——老毛病又犯了，手又痒痒啦！

关老爷赴会——单刀直入

【释义】比喻说话或办事直截了当，不绕弯子。

【例句】都是明白人，咱们不用打埋伏，关老爷赴会——单刀直入，有什么就说什么吧。

关门打狗——反咬一口

【释义】 狗无处可逃，急了，就会咬人。比喻没有得到好处却遭受损失。

【例句】 还得提防点，关门打狗——反咬一口，小心这个亡命之徒的反扑！

棺材板上敲钉子——定（钉）死了

【释义】 "钉"与"定"音同相谐。比喻已经确定不变。

【例句】 这件事已经反复讨论过，大家的意见很一致，棺材板上敲钉子——就这样定（钉）死了。

罐儿里养王八——越养越活

【释义】 讽刺人的气焰越来越嚣张。

【例句】 金凤呀，这两天那几户疙瘩户简直是罐儿里养王八——越养越活了！非开会批批这股歪风邪气不成！（王东满《漳河春》）

光腚穿皮袄——顾上不顾下

【释义】 光腚，就是光屁股。比喻做事、处理问题考虑不周全，顾此失彼。

【例句】 他的工作方式就是光腚穿皮袄——顾上不顾下，要想解决问题，上头一个电话就行了。

光屁股打灯笼——自己献（现）丑

【释义】 "现"与"献"谐音。比喻自我暴露见不得人的事。

【例句】 一不小心，他竟然光屁股打灯笼——自己献（现）丑了，众人立刻大笑起来。

光棍儿梦见娶媳妇儿——想得美

【释义】 光棍儿：单身汉。指想法挺好，就是不能实现。

【例句】 瞧这水势有多大，光靠咱们这几个人，这几样工具，想把这条河治理好，我看是光棍儿梦见娶媳妇儿——想得美。

滚水烫螃蟹——看你横行到几时

【释义】 横行：原指横着爬行，实指倚仗势力做坏事。指某种恶势力即将垮台，长久不了了。

【例句】 我说五郎，这种事情，最好看开一点。俗语说得好，滚水烫螃蟹，看你横行到几时。（南星子《青云直上》）

过河拆桥——不留后路
【释义】 比喻不留退路,或回旋的余地。
【例句】 班长气愤地说:"你这个人办事,太不讲情理,老是过河拆桥——不留后路,也不知你有什么倚靠?"(海翁《永不停手》)

过街老鼠——人人喊打
【释义】 指对坏人或恶势力,人人愤恨,群起攻之。
【例句】 我们就是要让恶霸地主变得像过街老鼠那样——人人喊打,要让他们变成臭狗屎!只有这样,反动派的威风才能打下去,贫雇农才能扬眉吐气,直起腰来!(张行《武陵山下》)

过年的皇历——没用场
【释义】 皇历:历书的俗称,也叫"黄历",书中排列日、月、节气等供查考,每年一本。指过时的东西不再有效用。
【例句】 我急忙跑过去喊:"李连长!"吴三明转头一看,笑着对我说:"过年的皇历——没用场了。""什么?"我问。"他早就是我们的营长了。"(马忆湘《朝阳花》)

过年娶新媳妇儿——双喜临门
【释义】 指同时出了两件喜事。
【例句】 嘿呀,真是想不到,正月初一那天,传来了好消息,上级不光支持修路,还要派筑路队哩!嘀,愚公寨真是过年娶新媳妇儿——双喜临门哪!(侯钰鑫《大路歌》)

过河的卒子——只能进,不能退
【释义】 本指按象棋规则——卒子只能进,不能退;转指在压力下只能向前进,不能后退。
【例句】 尽管还有不少困难,但今年的任务必须完成。过河的卒子——只能进,不能退。

H

哈哈镜照人——变了形
【释义】 哈哈镜：用凹凸不平的玻璃做成的镜子，把人照得奇形怪状，引逗人发笑。本指人变了形状，转指事物变了样子。
【例句】 这本来是件正经事，经他那张歪嘴一说，可就像哈哈镜照人——变了形了。

蛤蟆登天——痴心妄想
【释义】 讥讽人一心想着无法实现的事情。
【例句】 二赖子想找一种白粉，一撒，土路就变成了柏油路。我说，那是蛤蟆登天——痴心妄想。

蛤蟆打哈欠——好大的口气
【释义】 讽刺人吹牛说大话。
【例句】 小小年纪，心倒很高呀，听你说话就像蛤蟆打哈欠——好大的口气，到底是什么来路？（钱峻《草头王》）

蛤蟆顶桌子——不自量力
【释义】 形容过高地估计自己的力量。
【例句】 真是蛤蟆顶桌子——不自量力，为了讨处长高兴，这么多活竟然答应一小时就干完！

蛤蟆趴在秤盘里——自称自

【释义】 比喻自我夸耀。
【例句】 说我在王婆卖瓜——自卖自夸，我看你也是蛤蟆趴在秤盘里——自称自。

蛤蟆跳井——不（扑）懂（通）

【释义】 "扑"与"不"，"通"与"懂"谐音。比喻不明白。
【例句】 "什么林不林的？"老头撅起胡子，"我老汉蛤蟆跳井——不（扑）懂（通）。"

孩子的脊梁——小人之辈（背）

【释义】 "背"与"辈"谐音。比喻卑贱之人。
【例句】 他是孩子的脊梁——小人之辈（背），和他打过交道的人都知道。

孩子的脸——一天十八变

【释义】 孩子（特别是婴儿）的脸部表情，时喜，时笑，时哭，变化很快。比喻变化无常。
【例句】 沙漠里的天气，就像孩子的脸——一天十八变，很少有人能活着回来。

孩子没娘——说来话长

【释义】 比喻要谈的话很多，三言两语说不完。
【例句】 说到是怎么盖起来的房子，那可是孩子没娘——说来话长，老刘的苦水终于有了倒的地方。

海底捞月——白忙一场

【释义】 比喻做事白忙活，徒劳无功。
【例句】 依我看，说干就干，马上就去把门牌撕了！敌人今朝贴我们今儿撕，敌人明朝贴我们明儿撕，叫敌人海底捞月——白忙一场。（《遍地英雄》）

海军衬衫——满是道道

【释义】 海军战士的衬衫，上面全是蓝道道儿。比喻办法多、主意多。
【例句】 到底是年轻人，脑袋瓜好使，海军衬衫——满是道道，什么也难不倒。

寒潮消息——冷言冷语

【释义】比喻尖酸刻薄，具有嘲讽意味的话。

【例句】你的老毛病总改不了，一张口就是寒潮消息——冷言冷语的。

寒天喝冷水——滴滴凉心头

【释义】凉：词义双关，既指冷，又指灰心失意。形容人伤心至极，失望至极。

【例句】想起当年我嫁到他家后受的折磨，三天三夜也说不完，寒天喝冷水——滴滴凉心头！

韩湘子吹箫——不同凡响

【释义】韩湘子，我国神话传说中的八仙之一。比喻非同一般，水平高超。

【例句】您这大干部一开口，大家就听出来了，韩湘子吹箫——不同凡响啊。

韩信点兵——多多益善

【释义】比喻越多越好。

【例句】陈忠利转念一想，觉得还是女人的话实际。眼下互助组搞成了，趁没人管束，正好抓紧时机大干一场，做几桩买卖，于是忙不迭地说："要，要！韩信点兵——多多益善。"

汉高祖斩白蛇——一刀两断

【释义】汉高祖：即刘邦，汉王朝的建立者。传说刘邦做皇帝前的一天，正赶路，有人发现一条大白蛇横在路上，刘邦说："壮士还怕蛇吗？"拔剑把蛇拦腰斩成两截。比喻彻底地断绝关系。

【例句】我劝你今后不要和他来往，汉高祖斩白蛇——一刀两断吧，免得以后受连累。

旱天的田螺——有口难开

【释义】比喻人有难言之苦，不好开口说话。

【例句】我是旱天的田螺——有口难开啊！他削掉了我的手指，我打伤了他的额头，还不明不白地害了他的老婆！鬼晓得是怎么回事？真造孽！（武剑青《云飞嶂》）

旱鸭子追猫——紧赶

【释义】猫跑得快，鸭子在地上跑得慢，要想追上猫就得紧赶。比喻忙着赶时间或赶路。

【例句】不要埋怨我了，虽然迟到了，但我已是旱鸭子追猫——紧赶了。

航空公司开业——有机可乘

【释义】航空公司开业，就有飞机可以乘坐了。比喻有机会利用或有空子可钻。

【例句】监考老师走到门口成了背对着他，他虽有些紧张，但觉得航空公司开业——有机可乘，便在桌子下面鼓捣起来。

好斗的山羊——又顶又撞

【释义】形容说话强硬，好顶撞人。

【例句】怎么这个脾气，到我这里就像好斗的山羊——又顶又撞，我倒成了撒气筒了？

号嘴上贴胶布——别吹了

【释义】比喻不要再吹牛了。

【例句】吴大年说："你那点英雄事迹都说了上千遍了，没人相信，你就号嘴上贴胶布——别吹了！"（海翁《二等伤残》）

耗子变蝙蝠——食言（盐）了

【释义】蝙蝠：一种哺乳动物，外形有点像老鼠；民间传说耗子吃了盐，就会变成蝙蝠；"盐"与"言"谐音。比喻不守信用，说话不算数。

【例句】真是该死，我又耗子变蝙蝠——食言（盐）了，您惩罚我吧！

耗子拉木锨——大头在后边

【释义】 比喻更大的、更重要的还在后面。

【例句】 不要狗眼看人低,咱们骑驴看唱本——走着瞧,耗子拉木锨——大头在后边呢!

耗子钻牛角——死路一条

【释义】 比喻无路可走,陷入绝境。

【例句】 你再顽固到底,等待你的最终结局是耗子钻牛角——死路一条,你快自首吧!

喝水塞牙缝儿——倒霉透顶

【释义】 形容人倒霉到了极点。

【例句】 今天怎么了,干什么事情都不顺心,还让小偷把口袋里仅有的几个钱也偷走了,真是喝水塞牙缝儿——倒霉透顶!

喝江水说海话——没边儿没沿儿

【释义】 江大,海更大。比喻大到了极点,或漫无边际。

【例句】 你问沙漠有多大?那可是喝江水说海话——没边儿没沿儿!

喝凉水拿筷子——扭捏作态

【释义】 喝凉水用不着筷子。比喻扭扭捏捏、装模作样。

【例句】 一个大老爷们,喝凉水拿筷子——扭捏作态,看着就叫人恶心!

喝水才想打井——来不及了

【释义】 比喻事到临头才想起解决的办法,为时已晚。

【例句】 她已经坐飞机走了,现在才想起去追,喝水才想打井——来不及了!

和尚头上的虱子——明摆的

【释义】 指事情很明显,一眼就可看清。

【例句】 刘忠摇摇头:"他爷仔俩是狼还是羊,那是和尚头上的虱子——明摆的嘛。靠不住啊!"(武剑青《云飞嶂》)

和尚跟着月亮走——沾光

【释义】 沾光：语义双关，既指被光亮附着上，借着光亮，又指得到好处。指凭借某人或某事物而得到好处、占到便宜。

【例句】 谁都知道他这几年开发房地产赚了一大把钱，王二狗跟了他两年，和尚跟着月亮走——多少也沾光。

和尚打伞——无法（发）无天

【释义】 和尚不留头发，雨伞又遮住了天。"发"与"法"谐音。比喻胡作非为，不受法纪的约束，肆无忌惮地做坏事。

【例句】 这些无政府主义者，简直是和尚打伞——无法（发）无天，对他们一点也不能留情。

和尚的房子——妙（庙）

【释义】 "庙"与"妙"谐音。比喻很美好。

【例句】 这个词用得真是和尚的房子——妙（庙）呀！

和尚的木鱼——想敲就敲

【释义】 木鱼：木制敲击响器，和尚、尼姑念经、化缘时使用。比喻随便打骂。

【例句】 你是我什么人，对我就像和尚的木鱼——想敲就敲，我们家的人也没这样对我，你是不是太过分了？

和尚家里借梳子——摸错门了

【释义】 和尚不留头发，庙里当然不会有梳子。比喻找错了地方或找错了对象。

【例句】 想叫我们给他送木柴，真是和尚家里借梳子——摸错门了！（刘江《太行风云》）

河里摸不到鱼——抓瞎（虾）

【释义】 摸不到鱼，只好捉虾。"虾"与"瞎"谐音。比喻做事没有准备而临时着急慌乱。

【例句】 一听说来了领导，马上安排招待，没有任何准备的厨师立刻瞪大了眼，河里摸不到鱼——抓瞎（虾）了。

荷包里装钉子——锋芒毕露

【释义】 荷包：随身携带的可以装东西的小包；包里如果装钉子，钉子尖就会刺穿荷包而露到外面。比喻人的才干完全显露在外。

【例句】 到底是年轻人，没那么多顾忌，就像荷包里装钉子——锋芒毕露。

黑狗趴在山洞里——装熊

【释义】 比喻假装服帖，耍赖皮。

【例句】 见到警察朝这里走过来，他立刻黑狗趴在山洞里——装熊了。

黑天进玉米地——瞎掰

【释义】 黑天去掰玉米，看不见，只好乱掰一气。比喻胡说或瞎干。

【例句】 这家伙没正经的，别听他在这里黑天进玉米地——瞎掰了。

黑屋里打算盘——暗算

【释义】 比喻暗地里算计别人，或偷偷图谋陷害或伤害别人。

【例句】 我还以为他有多大本事呢，都是黑屋里打算盘——暗算，小人行为，拿不到大面上。

黑瞎子吃蜂蜜——没鼻子没脸

【释义】 比喻不要脸，没羞没臊。

【例句】 这个人是黑瞎子吃蜂蜜——没鼻子没脸，这点东西就不够他捞的了。

黑瞎子打立正——一手遮天

【释义】 比喻倚仗权势，玩弄手段，蒙蔽人们的耳目，作威作福。

【例句】 他当了室主任以后，是黑瞎子打立正——一手遮天，谁一触犯他，轻则挨骂，重则解聘。

红娘挨板子——为别人担不是

【释义】 比喻替别人承担罪过。

【例句】 我这可是红娘挨板子——为别人担不是，太冤枉啦。

喉咙里放鱼钩——提心吊（钓）胆

【释义】 "钓"与"吊"谐音。比喻非常担心或害怕。

【例句】 天都这么黑了，大宝还没回来，真叫人喉咙里放鱼钩——提心吊（钓）胆。

猴子的屁股——坐不住
【释义】 形容人好动。
【例句】 他好动，猴子的屁股——坐不住，你想让他整天看书学习可不那么容易。

猴子扑嫦娥——痴情妄想
【释义】 嫦娥：神话里的女神，传说由人间飞到月宫。指人痴迷于不能实现的空想。
【例句】 蒋明武想追求梁梦，这不是笑话吗？是的，假若别人知道了，十个人会有十个人讥笑他：简直是猴子扑嫦娥——痴情妄想！（奚青《望婚崖》）

猴儿拉稀——坏肠子
【释义】 比喻人坏了心眼。
【例句】 金桥才要笑，大乱瞪着眼说："是有啊！我看见过。"老包头把个搓光的苞米核一扔说："你看见个鬼！我看你是猴儿拉稀——坏肠子了！"（杨朔《三千里江山》）

猴儿吃辣椒——抓耳挠腮
【释义】 形容焦急而又没有办法，一时不知如何是好。
【例句】 这个问题一时答不上来，他急得就像猴儿吃辣椒——抓耳挠腮。

猴儿吃麻花——满拧
【释义】 比喻全错了，或全不对碴儿。
【例句】 我说的是一回事，你说的又是另一回事，猴儿吃麻花——满拧，一点边也不沾。

猴子戴面具——装给人看的

【释义】 比喻以虚伪的外表，来蒙骗人，掩蔽其真正的居心。

【例句】 你穿这破衣服，是猴子戴面具——装给人看的，谁不知道你的经济实力？

后脖子抽筋——抬不起头来

【释义】 比喻受了批评、处分或压制以后，难以抬起头来做人。

【例句】 人难免犯错误，犯了错误改了就好，不要一受批评，就后脖子抽筋——抬不起头来。

狐狸看鸡——越看越稀

【释义】 狐狸专爱偷吃鸡，让狐狸去看守鸡，它当然更不放过机会。比喻相信或依靠坏人，必定会吃亏上当。

【例句】 狐狸看鸡——越看越稀，你们单位的人越走越少，是不是和领导或政策有关系呀？

狐狸生出老鼠来——一代不如一代

【释义】 比喻越来越差。

【例句】 老奶奶叹了一口气，无可奈何地说："看看，现在连生的孩子都轻了，真是狐狸生出老鼠来——一代不如一代。"

花绸子绣牡丹——锦上添花

【释义】 比喻好上加好。

【例句】 孩子们终成眷属，咱们如果也能凑成一对儿，那才叫花绸子绣牡丹——锦上添花呢。

虎落平川——插翅难逃

【释义】 虎生活在丛林或森林中，靠树林子来隐蔽，不易捉到；而流落平川，就是插上翅膀也跑不掉。比喻人陷入困境，难以脱身。

【例句】 看守的人说："放老实点儿，你们谁敢动一下，我就不客气！我们人很多，你们如今正所谓虎落平川——插翅难逃啦。"

花椒不叫花椒——麻利（粒）

【释义】 "粒"与"利"谐音。比喻办事干净利索。

【例句】 他可是个快手，干什么都是花椒不叫花椒——麻利（粒）！

花椒树雕孙猴——麻木不仁（人）

【释义】 花椒树是麻木，孙猴不是真正的人；"人"与"仁"谐音。比喻对外界事物反应迟钝或漠不关心。

【例句】 看他那皮笑肉不笑的样，花椒树雕孙猴——麻木不仁（人），一点同情心也没有。

花脸画眉毛——超额

【释义】 花脸：戏曲舞台上的净角；净角的眉毛一般都画得较大。比喻超出了规定的限度。

【例句】 想不到你还是个快手，短短两天，倒花脸画眉毛——超额了。

花籽喂牲口——不是好料

【释义】 比喻不是个好的材料。

【例句】 这个东西做衣服还可以，做鞋子可就花籽喂牲口——不是好料了。

画笔敲鼓——有声有色

【释义】 形容说话或演出精彩、生动，富有感染力。

【例句】 他的演讲就像画笔敲鼓——有声有色，十分富有感染力。

怀里的笊篱——劳（捞）心

【释义】 笊篱：用来捞东西的灶具，用金属丝、竹篾或柳条等制成，有柄，能漏水。"捞"与"劳"音近相谐。指费心、操心。

【例句】 这件事全靠大家成全，怀里的笊篱——让大家劳（捞）心了，改日我一定好好谢谢大家。

皇帝娘娘死男人——没有二价（嫁）

【释义】 皇帝死了，他的妻子就不能再结婚。"嫁"与"价"谐音。比喻不讨价还价。

【例句】 您免开尊口，我的货是皇帝娘娘死男人——没有二价（嫁），您不买就算了。

皇上的母亲——太厚（后）

【释义】"后"与"厚"谐音。比喻厚度过于大。

【例句】垫子都垫上，就成了皇上的母亲——太厚（后）了，肯定躺不下人了。

黄毛鸭子刚下河——不知深浅

【释义】黄毛鸭子：指刚孵出不久的小鸭子，身上有许多浅黄色的绒毛。比喻年轻人说话或做事不注意分寸，不考虑后果。

【例句】就凭你们几个黄毛丫头能把这座荒山整治了？这才是黄毛鸭子刚下河——不知深浅。

黄鼠狼放救命屁——就这么一招

【释义】黄鼠狼在危急时，从肛腺里放出一种极难闻的分泌物来抵挡对方，俗称"救命屁"。指没有别的招数，只有这最后一种办法。常用于讥讽。

【例句】"你猜猜看，我用的是什么计？"蒋丛森倚着楼梯扶手，双手扳着白莉雅的肩膀。"有什么好猜的。黄鼠狼放救命屁——就这么一招了。"（房群等《剑与盾》）

黄鼠狼生老鼠——一代不如一代

【释义】黄鼠狼的体型本来就小，老鼠更小。指一代比一代差。

【例句】老唐说："从古到今，都是外国向中国年年进贡，岁岁来朝。……到了清朝，顺治、康熙、雍正、乾隆几个皇帝，还过得去，以后就黄鼠狼生老鼠——一代不如一代！"（龚昌盛《沉浮》）

黄柏树上挂苦胆——苦上加苦

【释义】比喻生活非常艰难困苦。

【例句】日子本来就不宽裕，这回又逢灾年，真是黄柏树上挂苦胆——苦上加苦。

黄河水——道（倒）不完

【释义】"倒"与"道"谐音。比喻说不完。

【例句】水生想，张润受张读吸骨吮血三十年，那苦水就像黄河水——道（倒）不完。（贺政《黄河儿女》）

黄连树下一根草——苦苗苗

【释义】 比喻是个苦孩子。

【例句】 "唉！别提了。俺是黄连树下一根草——苦苗苗。"赵继宗深深地叹了一口气说。(《惊雷》)

黄鼠狼蹲在鸡窝里——投机(偷鸡)

【释义】 "偷鸡"与"投机"谐音。比喻趁机谋取私利。

【例句】 干工作一点也不老实，好像在给别人干，总想着黄鼠狼蹲在鸡窝里——投机(偷鸡)，那有什么进步？

黄鼠狼给鸡拜年——没安好心

【释义】 比喻假意友好，实则包藏祸心。

【例句】 小马听了，非常愤恨，瞪着眼，思索了一会儿，说："我看这是黄鼠狼给鸡拜年——没安好心，也许把钱花了，人还是回不来！"(张孟良《儿女风尘记》)

黄鼠狼和狐狸结亲——臭味相投

【释义】 比喻坏人的心思和趣味都较一致，能够合得来。

【例句】 "赵老大，和青皮帮的联合，你觉得是找到了知己，我却认为是黄鼠狼和狐狸结亲——臭味相投。不要再为非作歹，否则我可不客气！"刘探长说。(《六月河》)

黄鼠狼上鸡窝——得空就钻

【释义】 比喻一有机会就去做。

【例句】 这些小贩，黄鼠狼上鸡窝——得空就钻，工商、城管都拿他们没办法。

昏官断案——各打五十大板
【释义】比喻处理问题时，不分是非，对冲突双方给以同样的处罚。
【例句】这不是昏官断案——各打五十大板吗？凭什么我胜诉了还要挨罚？

火车拉长笛——越想（响）越有气
【释义】"响"与"想"谐音。比喻越想越生气。
【例句】小保睡不着，火车拉长笛——越想（响）越有气，便坐起来，拿起了电话……（《午夜来电》）

火车上演戏——载歌载舞
【释义】比喻又是唱歌又是跳舞。
【例句】一大早，这街上就热闹非凡，老太太们涂脂抹粉，火车上演戏——载歌载舞，庆祝什么呢？

火烧眉毛——顾眼前
【释义】比喻情况紧急，先解决急需解决的问题。
【例句】我四十五岁，只替陶家留下这么一条根，他是我胸脯上的肉，是我的命根子，唉……火烧眉毛——顾眼前。(《淮河边上的儿女》)

火烧到房上还看唱本——沉得住气
【释义】比喻遇事沉稳，不慌张。
【例句】不愧是一把手，火烧到房上还看唱本——沉得住气，佩服，佩服。但再晚两分钟，就会死人了！

货郎担子——两头是祸（货）
【释义】"货"与"祸"谐音。比喻都是不幸的事。
【例句】她大叔，俺高家这几年是货郎担子——两头是祸（货），哪来的喜事？（崔巍《爱与恨》）

J

机关枪装炮弹——口径不对

【释义】口径：词义双关，既指器物圆口的直径，又指规格、原则。机枪圆口的直径太小，不能装炮弹；比喻对问题的看法与原则有出入、不一致。

【例句】对于减轻学生负担问题，大家的思想应该统一，可不能机关枪装炮弹——口径不对。

鸡蛋掉在油锅里——滑透了

【释义】比喻人圆滑狡诈到极点。

【例句】"苗万贯又有活动？"严志诚问。"可不嘛。这个家伙，是鸡蛋掉在油锅里——滑透了。"苗瑞祥站在那里，比划着说。(《盐民游击队》)

鸡蛋换鸭蛋——捣（倒）蛋

【释义】"倒"与"捣"谐音。比喻无理取闹，滋生是非。

【例句】这些孩子，真是鸡蛋换鸭蛋——捣（倒）蛋，把花揪得就剩了杆儿。

鸡蛋里挑骨头——硬找麻烦

【释义】比喻故意挑别别人的缺点、错误，硬是找人家的麻烦。

【例句】看到他来势汹汹，小猴子心想，这家伙肯定是来鸡蛋里挑骨头——硬找麻烦的，得加点小心。

鸡蛋长爪子——连滚带爬

【释义】形容狼狈逃窜的样子。

【例句】土匪一听到有人喊："解放军来啦！"立刻炸了窝，鸡蛋长爪子——连滚带爬，真恨爹娘给自己少生了两只腿。

鸡飞蛋打——一场空

【释义】鸡飞了，蛋也打了。指一切都落空，什么好处也没有得到。

【例句】绝大多数的工人不听他们的指挥，绝大多数的工人加入了反对他们的行列，如果我们对这样的领导班子还存在什么幻想，甚至还想保他们过关，最终的结果只能是鸡飞蛋打——一场空，既保不住这个班子，又让我们失掉民心。（张平《抉择》）

鸡给黄鼠狼拜年——自投罗网
【释义】罗网：捕捉鸟的器具（罗）和捕捉鱼类的器具（网）。比喻自找祸害、自寻死路。
【例句】可是怎么去跟大贵谈呢？铁蛋要不是跑的快，非被大贵妈揪住耳朵不可。要是再去打大贵那不是鸡给黄鼠狼拜年——自投罗网吗！（姜树茂《渔岛怒潮》）

鸡蛋碰石头——太不自量
【释义】比喻过高地估计自己的能力。
【例句】就凭他们那几个小个子连球都传不好，敢跟我们比赛，那是鸡蛋碰石头——太不自量了！

鸡子儿下山——滚蛋
【释义】鸡子儿：鸡蛋。常用来责骂人，赶人走开。
【例句】怎么着？看上我这个丫头啦？告诉你，我养的这些丫头是卖艺不卖身……别做梦啦！你给我鸡子儿下山——滚蛋！（蒋寒中《天桥演义》）

蒺藜子拌草——不是好料
【释义】蒺藜子：蒺藜的果实，有毒，皮上有尖刺，俗称蒺藜狗子。常用于责骂人心术不正，不是好人。
【例句】许老用急得尖起脆嗓门说："你看，当泥鳅的不怕迷眼，再丑的事他也干得出来。你没见他老婆，蒺藜子拌草——更不是好料。"（杨朔《中国人民的脚步声》）

加了盖的蒸笼——正上气
【释义】原指正上升水蒸气，形容事业或形势一片大好蒸蒸日上。
【例句】刘德富听不进去："刘大仙看我家的日子像加了盖的蒸笼正上气呢，他犯红眼病，就使坏心，出坏点子害我刘德富呢！"（田俊豪《风水委员》）

煎饼抹油——白搭

【释义】 煎饼：一种薄饼，用小米、小麦或高粱浸水磨成面糊，在放油的鳌子上摊匀烙熟。指白费功夫不起作用。

【例句】 老子给儿子起名是天经地义的事，儿子反对也是煎饼抹油——白搭。（李向阳《重名趣事》）

捡鸡毛扎掸子——凑数

【释义】 比喻用不太合格的东西来充数。

【例句】 这么大的小孩也顶个人头儿，真是捡鸡毛扎掸子——凑数。

拣粪戴花——臭美

【释义】 常用于讥讽或责骂人故作姿态显示自己长得好看。

【例句】 剪发的小媳妇俏皮地对高福彬老婆说："你看你这个撅嘴骡子，还想戴金帽子。拣粪戴花——臭美。"（马如《江山村十日》）

见了骆驼说马肿背——少见多怪

【释义】 见了骆驼不认得，以为是马肿了背。常用于讥讽人见识少。

【例句】 见了骆驼说马肿背——真是少见多怪，我和他老夫老妻，切皮连肉，一个锅里吃饭，一个枕头上睡觉。（叶一青《脉案风波》）

见了王母娘娘叫大姨——攀高枝儿

【释义】 王母娘娘，神话传说中的一位女神，住在瑶池，又称西王母。比喻刻意巴结有权有势的人。

【例句】 "你这是嘴甜吗？我看是见了王母娘娘叫大姨——攀高枝儿。"海冬鄙夷地说。（麦冬《战斗的青春》）

见了强盗喊爸爸——认贼作父

【释义】 比喻好坏不分、敌我不分。

【例句】 那些见了强盗喊爸爸——认贼作父的卖国贼，迟早要受到历史的审判。

箭在弦上——不能不发

【释义】 弦：弓弦，弓背两端之间用牛筋制成的绳状物，用来射箭。比喻情势紧迫，不能不尽快行动。

【例句】箭在弦上——不能不发，公安人员及时出击，终于把策划偷逃出境的凶犯抓住了。

江河里行船——看风使舵

【释义】看风使舵：语义双关，既指看准风向，调整船舵的方位，又指根据事态变化随时改变态度。比喻人在社会生活中丧失原则和人格，不时地变化立场。

【例句】为人处世要有正确立场，不能当江河里行船——看风使舵的风派。

江里的浪花——不是吹的

【释义】吹：词义双关，既指风吹，又指吹牛。指某些事情不是说大话所能办到的。

【例句】当年我在杂技团表演杂技，每个动作都经过千百次苦练，江里的浪花——不是吹的；吹牛吹不出真功夫。

姜太公钓鱼——愿者上钩

【释义】姜太公：指商末周初的吕尚，即姜子牙；比喻心甘情愿地做某事。

【例句】"别耽误你的时间啦，害得你这个八年不缺勤的模范迟到可真不合算。"李少祥对哥哥说，"我都把咱们地址告诉了她了。姜太公钓鱼——愿者上钩，她不来就算了。"（《乘风破浪》）

姜太公在此——诸神退位

【释义】原指姜太公神通广大，有他在，别的神仙都得退位；实喻有强手在，没人敢乱说乱动。

【例句】莲姑娘住在哪里，哪里就一定平安无事，像姜太公在此——诸神退位那样。（老舍《火葬》）

蒋干盗书——上了大当

【释义】 蒋干：曹操手下的谋士。《三国演义》四十五回说：赤壁之战时，蒋干奉曹操之命劝说东吴都督周瑜归降。周瑜设下反间计，让蒋干偷走假信，使曹操上当，误杀了其水军首领蔡瑁、张允。比喻本想骗人反中了人家的圈套，吃了大亏。

【例句】 两个特工以为得到了能向上司请功领赏的情报，没有想到情报是假的，到头来落了个蒋干盗书——上了大当。

蒋干过江——成事不足，坏事有余

【释义】 比喻不但没有办成事，反而将事情搞得更糟。

【例句】 他指着老婆的鼻子骂道："真是头发长见识短，蒋干过江——成事不足，坏事有余，五万元打水漂啦！"（《乔奶奶》）

酱园铺倒了货架——五味俱全

【释义】 酱园铺：出售酱、酱油、酱菜等的商店。五味：指酸、甜、苦、辣、咸。形容人心情极其复杂。

【例句】 吕希显气得发呆。酱园铺倒了货架——心里是五味俱全。（鄢家声《流水落花》）

脚踩跷跷板——一上一下

【释义】 比喻有波动不稳定。

【例句】 自从上班以来，他的情绪总是脚踩跷跷板——一上一下，很不稳定。

脚板抹猪油——溜了

【释义】 脚板：脚掌。溜：词义双关，既指滑行，又指偷偷走掉。比喻人偷偷地走了。

【例句】 他一看事情不对头，乘人不注意，就脚板抹猪油——溜了。

脚踩西瓜皮——滑到哪里算哪里

【释义】 比喻人生活没有明确目标，得过且过。

【例句】 受了这次挫折以后，他有些心灰意冷，问他今后有什么打算，他打着哈哈说："只能是脚踩西瓜皮——滑到哪里算哪里。"

脚上绑铃铛——走到哪里就响到哪里

【释义】 响：词义双关，既指器物发出响声，又指名声响亮。比喻人走到哪里，就在哪里扬名。

【例句】 我们这支足球队已经战胜了西城区和南城区，真是脚上绑铃铛——走到哪里就响到哪里。

叫花子发狂——穷疯了

【释义】 发狂：发疯，精神失常。指人穷得发疯，失去了理智。

【例句】 你整天到处借钱，有人说你是叫花子发狂——穷疯了。

叫花子做皇帝——快活一天算一天

【释义】 形容只顾眼前快活，没有长远打算。

【例句】 他被免职以后，总是灰心丧气，整天到娱乐城消磨时间，叫花子做皇帝——快活一天算一天。

叫花子拨算盘——穷有穷打算

【释义】 叫花子：乞丐，也叫"花子"、"叫化子"。打算：原指拨打算盘，实指盘算、安排。指穷苦人家也有自己的盘算。

【例句】 长松兴奋地抽了口烟说："婶子，这是我对你说的，我倾家荡产买这块地，是叫花子拨算盘——穷有穷打算，好地咱买不起，只能买下这种一葫芦打两瓢的砂礓坡。可咱有力气，不怕吃苦。"（李准《黄河东流去》）

揭了盖的螃蟹——露了黄了

【释义】 比喻泄露了底细或露出了破绽。

【例句】 在众人的一再追问下，他终于成了揭了盖的螃蟹——露了黄了，原来他不是高干子弟，都是骗人的。

桀犬吠尧——各为其主

【释义】 桀：夏朝最后一个君主，暴君。吠：狗叫。尧：传说中古代贤明的部族首领。本指桀豢养的狗向尧狂叫；比喻各人都为他的主子效劳。

【例句】 我们不是专替哪个领导办事，不能桀犬吠尧——各为其主。

截了大褂补裤子——取长补短

【释义】 比喻吸取别人的长处来弥补自己的不足。

【例句】 "咱们就截了大褂补裤子——取长补短,组成几个学习小组,互相帮助,共同进步。"林老师说。(雪川《那年那月》)

疥蛤蟆吃苍蝇——张嘴就来

【释义】 疥蛤蟆即癞蛤蟆,善于捕食苍蝇。比喻做某事很容易。

【例句】 这个小家伙真是聪明,不信你随便问他几首唐诗,他是疥蛤蟆吃苍蝇——张嘴就来。

借高利贷买棺材——死要面子活受罪

【释义】 比喻为了顾及脸面而吃苦受累。

【例句】 "我看借高利贷买棺材——死要面子活受罪的事情咱们还是不做了,虽然可能因此绝交,但总比欠债好。"陈厂长沉思了片刻说。(麦冬《出殡》)

金刚扫地——劳神

【释义】 金刚:佛的侍从力士,手拿金刚杵。比喻耗费精神。

【例句】 孩子长这么大了,还叫人金刚扫地——劳神,也不知她啥时候能长大。

金弹子打鸟儿——因小失大

【释义】 形容为了小利益,付出大代价,得不偿失。

【例句】 小李在车站买了一块金表,五百块钱,正在得意,却被公安干警发现,原来是贼赃,当场被没收,落得个金弹子打鸟儿——因小失大。

金簪落海——永无出头之日

【释义】比喻陷入困境,无法自拔。

【例句】这个单位人际关系十分复杂,盘根错节,咱一个外来户,在这里是金簪落海——永无出头之日了,不走还有什么前途?

进了港湾的船——遇不到什么风浪

【释义】比喻不会有什么大的问题或麻烦。

【例句】实验就差最后一步了,进了港湾的船——遇不到什么风浪,你可以准备庆功宴了。

井底雕花——深刻

【释义】深刻:语义双关,既指在深处刻,又指达到深层或本质。比喻接触到问题或事情的本质,给人的印象很深。

【例句】宋老师只讲了十分钟,那可是一句顶一句,井底雕花——深刻。

井底蛤蟆——没见过大天

【释义】形容孤陋寡闻,见识短。

【例句】他从前很少跟外界接触,井底蛤蟆——没见过大天,结果落后了。

镜子里的钱——看得见,抓不着

【释义】指可望而不可及,或根本无法实现的事。

【例句】十天以后,"黑沙滩"的西瓜均已熟透。目前当务之急是抢在高温之前将瓜销出去,不然就成了镜子里的钱——看得见,抓不着!(曾长炳《烈士守瓜田》)

K

开口的邮筒——信得过

【释义】邮筒开口,书信就得以通过。比喻值得信任。

【例句】海子婶说:"大兄弟,咱们谁跟谁,十几年的交情,你办事,那是开口的邮筒——信得过!别客气了。"(薛村《靠山屯》)

开水浇老鼠——不死也脱层皮

【释义】比喻人深受摧残折磨。

【例句】得了这场大病,就像开水浇老鼠——不死也脱层皮,他元气大伤,半年没上班。

开封府的包公——铁面无私

【释义】包公:对北宋著名清官包拯的尊称,官至龙图阁直学士,曾任开封府知府,执法严正,不讲私情。比喻公正严明,不徇私情。

【例句】范审判员办案总是以事实为依据,以法律为准绳,百姓说他是开封府的包公——铁面无私。

砍柴人下山——两头担心(薪)

【释义】"薪"与"心"谐音。比喻双方都不放心或同时担心两处。

【例句】这两个孩子,一个体弱多病,一个鲁莽好斗,到了外边,叫我们这做父母的宛如砍柴人下山——两头担心(薪)。

看《三国》掉眼泪——替古人担忧

【释义】《三国》,指《三国演义》。比喻多余的担忧。

【例句】这也许是看《三国》掉眼泪——替古人担忧,但我还不是为了你好?你自己琢磨吧。

看着地图摆阵势——纸上谈兵

【释义】比喻处理问题不联系当前实际,一味生搬硬套。

【例句】 厂长，您这是看着地图摆阵势——纸上谈兵，到车间看看吧，听听工人的，或许更有用。

看见蚊子拔宝剑——小题大做
【释义】 指把小事当作大事来对待或处理。
【例句】 你放吕弘这条线，难道就为了这只盒子，那是看见蚊子拔宝剑——小题大做了。（房群等《剑与盾》）

扛着扁担进森林——别想横行
【释义】 指不要再横行霸道、胡作非为。
【例句】 自从武功高强的龙哥在咱们村住下来，村里的五虎就扛着扁担进森林——别想横行了，见了龙哥连大气都不敢喘，村里太平多了。

炕头竹子——损（笋）到家了
【释义】 "笋"与"损"谐音；比喻刻薄、恶毒到了极点。
【例句】 这个女人，惹是生非，挑拨离间，一点好心眼也没有，真是炕头竹子——损（笋）到家了。

蝌蚪撵鸭子——活得不耐烦了
【释义】 鸭子喜欢吃蝌蚪。比喻不想活了。
【例句】 卢老爹骂道："你是不是蝌蚪撵鸭子——活得不耐烦了，带电的东西就这么随便摸？"

瞌睡碰着枕头——求之不得
【释义】 比喻得到的正是所需要的。
【例句】 这么好的工作，我哪敢推辞，我是瞌睡碰着枕头——求之不得！

咳嗽闪了腰——赶得巧
【释义】 闪腰：因动作过猛，腰部受到损伤。指事情非常凑巧或正好碰上。
【例句】 第二天，拴旺早早到了大车组，喊了半天，只见二楞从车底下钻出来。拴旺问他："怎么还不套车？"二楞扎着两手黑油泥说："瞎，这才真是咳嗽闪了腰——赶得才巧呢，正要套车呢，我一检查，嘿，轴碗儿坏了，换新的，又没有！"（马沛然《老诸葛三难刘拴旺》）

可着头做帽子——一点儿富余也没有

【释义】可着：尽着，就某种范围不增不减。本指帽子戴在头上一点儿缝隙都没有，比喻不多不少，正好够，没有剩余。

【例句】这里有五眼深井，刚好有五台抽水机，可着头做帽子——一点儿富余也没有，没法借给别人。

嗑瓜子嗑出臭虫来——什么样的人儿（仁儿）都有

【释义】"仁儿"与"人儿"谐音。比喻竟有这样不讲道理或不知廉耻的人。

【例句】哼哼，别用金子招牌吓唬人，一村之主咋啦？嗑瓜子嗑出臭虫来——什么样的人儿（仁儿）都有啊。（《辣椒嫂》）

空肚子打饱嗝——硬装门面

【释义】比喻处境本来不好，却装处境很好的样子。

【例句】他一歪脑袋又看郑小兰一眼，只见她脸色绯红，挂满汗珠，他都卖了六筐了，她却只卖了四筐，心里又道："你不用空着肚子打饱嗝——硬装门面，别看有人给你助威，再停一会儿也挡不了腿酸后颤胳膊弯痛，不叫娘就算好的，看你还敢牙硬！"（姜树茂《渔港之春》）

空棺材出丧——（木）目中无人

【释义】出丧：出殡，把灵柩运送到安葬地点。木：指棺木，棺材，谐"目"。常用于责骂人自以为了不起，看不起别人。

【例句】"等一下，等一下！"缪娜忙站起身，见白眉射达连头也不回，心中好不懊恼。淡酒醉人，淡话伤心。这个苦聪连淡话都没说上三句，还动不动就跑。真是空棺材出丧——目（木）中无人！（张作为《原林深处》）

歇后语

孔夫子搬家——净是输(书)

【释义】孔夫子：对孔丘的尊称，又称孔子，我国古代杰出的思想家、教育家。在百姓眼里，孔夫子是知识分子的代表，书多。"书"与"输"同音相谐。指总是输，没有赢的时候。

【例句】过去我们打球是孔夫子搬家——净是输(书)。现在，我们可以用胜利的捷报来告慰父老乡亲了。

孔夫子的背包——书呆(袋)子

【释义】"袋"与"呆"谐音。讽刺只知啃书本，不懂联系实际或缺乏生活经验的人。

【例句】他呀，是孔夫子的背包——书呆(袋)子一个，当领导肯定不行。

孔夫子的弟子——闲(贤)人

【释义】"贤"与"闲"谐音。比喻无事可做的人或不务正业的人。

【例句】现在正是停业整顿时期，有再大的本事，也是孔夫子的弟子——闲(贤)人。

孔子面前卖《百家姓》——自不量力

【释义】比喻在行家面前卖弄本事，无自知之明。

【例句】一个小兵竟大谈特谈打过硬仗，真是孔子面前卖《百家姓》——自不量力，在座的可是有穿便服的将军。

孔夫子门前读《论语》——自称内行

【释义】孔夫子：对孔丘的尊称，又称孔子，我国古代杰出的思想家、教育家。《论语》：儒家经典，主要内容是记录孔子及其门徒的言行。讥讽人在内行专家面前不自量力，卖弄本领。

【例句】他在歌唱家面前大讲发声原理，还唱一首自以为拿手的流行歌曲，这岂不是孔夫子门前读《论语》——自称内行吗？

孔夫子拿笤帚——斯文扫地

【释义】斯文：指文人或文化。指文人自甘堕落，品德败坏。

【例句】这位所谓的"大作家"竟然替一个被判刑的庸医编造神奇的传记故事，真是孔夫子拿笤帚——斯文扫地。

孔夫子放屁——文气冲天

【释义】指文绉绉的，书生气十足。常用于责骂或讥讽。

【例句】王长顺趋前一步，说："……咱们李闯王到底是穷百姓出身，在心中念念不忘穷百姓，连出文告也只怕穷百姓听不懂，写得越浅显越好，哪像官府出文告，尽是孔夫子放屁——文气冲天，生怕不识字的小百姓都能明白！"（姚雪垠《李自成》）

孔夫子推磨——难为圣人

【释义】圣人：原指孔子，实指从事脑力劳动的文化人。指让从事脑力劳动的人为难。

【例句】他敞着怀，脸上的汗水一把一把往下淌。一块手绢早就不济事了，只好也和赵亨德一样，扯起衣襟来擦。"哎呀廷威哥，今天这可是孔夫子推磨——难为圣人了。"（刘江等《太行飞虎队》）

口传家书——言而无信

【释义】比喻说话不守信用。

【例句】本来已经约好的，怎么能随便不去呢？男子汉大丈夫不能口传家书——言而无信。

口吹喇叭脚打鼓——能者多劳

【释义】比喻有能力的人干的活就相对多一些。

【例句】说的好听，口吹喇叭脚打鼓——能者多劳，可也不能累死的累死，闲死的闲死呀。

苦水里泡大的杏核——苦人儿（仁儿）

【释义】"仁儿"与"人儿"谐音。比喻人的命运很坎坷、悲苦。

【例句】乡亲们！俺任老大的事儿，小南庄的穷乡亲们都知道，俺是苦水里泡大的杏核——苦人儿（仁儿）。（《惊雷》）

苦瓜泡进黄连汤——苦得没法说

【释义】苦瓜：一年生草本植物，果实长圆形或卵圆形，有苦味，可做蔬菜。黄连：多年生草本植物，根茎味苦。苦：词义双关，既指味道苦，又指痛苦。比喻生活极其困苦。

【例句】 历史上群雄割据时，三天他称王，两天你称帝，天下大乱，老百姓的日子像苦瓜泡进黄连汤——苦得没法说。

裤带缠在脖子上——记（系）错了
【释义】 "系"与"记"谐音。比喻发生了记忆错误。
【例句】 呀，原来你是老大，我还以为你是老二呢，看我，裤带缠在脖子上——记（系）错了！

会计戴眼镜——精打细算
【释义】 比喻做事或过日子计划周密，安排合理。
【例句】 刚刚结婚，当然需要会计戴眼镜——精打细算啦，不然以后怎么办？

会计拿算盘——算啦
【释义】 比喻作罢或不再计较了。
【例句】 念在你是初犯，又有一片孝心，会计拿算盘——算啦，你走吧，下次别再叫我碰上！

快刀打豆腐——干净麻利
【释义】 比喻说话利索，不拖泥带水。
【例句】 石嫂干活，十村八庄的姑娘媳妇比不上，干什么活都是快刀打豆腐——干净麻利。（《儿童文学》）

快刀切豆腐——两面光
【释义】 光：词义双关，既指光滑，又指光彩。比喻为人处世圆滑，处处讨好。
【例句】 他这个人一向圆滑，说话总是快刀切豆腐——两面光，谁也不得罪。

快刀斩乱麻——干净利落
【释义】 比喻果断行事，迅速、彻底地解决问题。
【例句】 虎子干什么事情都是快刀斩乱麻——干净利落，从不拖泥带水。

筷子搭桥——难过
【释义】 难过：语义双关，既指难以通过，又指心里难受。形容心里不好受。
【例句】 你干这种缺德事，还有脸见人吗？筷子搭桥——我都替你难过！

筷子顶豆腐——树（竖）不起来

【释义】 "竖"与"树"音同相谐。用筷子顶着松软的豆腐，还没有立起来，豆腐就碎了；借指人或事树立不起来。

【例句】 这个村的汇报材料与实际情况差距太大，要培养典型，我看是筷子顶豆腐——树（竖）不起来。

筷子挑凉粉——滑对滑

【释义】 凉粉：用淀粉等制成的食品，表面光滑。滑：词义双关，既指光滑，又指油滑、狡诈。指打交道的双方都是油滑狡诈的人。

【例句】 他们两人都长着三个心眼儿，平时和和气气，遇事各打各的小算盘，真是筷子挑凉粉——滑对滑。

扩音器里打喷嚏——想（响）得远

【释义】 "响"与"想"谐音。比喻考虑长远，计划周全。

【例句】 他戏谑地说："老亲家，你可真是扩音器里打喷嚏——想（响）得远，孙子还没出生，你就打算送他出国啦！"

L

拉琴的丢唱本——没谱

【释义】 拉琴的把曲谱丢了，就没法演奏了。比喻办事没有准头。

【例句】 这个人从来是迷迷糊糊的，办什么事都是拉琴的丢唱本——没谱，你如此相信他还真难得。

拉屎攥拳——暗里使劲

【释义】 比喻私下积攒力量。

【例句】 别看他平时吊儿郎当的，但拉屎攥拳——暗里使劲，不知道实情，还跟着他瞎玩，你又没有那么多心眼，肯定会吃亏。

拉了弦的手榴弹——给谁谁不要

【释义】 弦：这里指手榴弹上线状的引信，拉弦后不久手榴弹就爆炸。比喻有危

险性，谁都不敢接受。

【例句】小吴常常酗酒，厂长要给他换个岗位，他却成了拉了弦的手榴弹——给谁谁不要。

拉着胡子过河——谦（牵）虚（须）过度（渡）

【释义】"牵"与"谦"谐音。"须"与"虚"音同相谐。"渡"与"度"音同相谐。指过分虚心。

【例句】别拉着胡子过河——谦（牵）虚（须）过度（渡）啦，快唱一段"借东风"，让大家高兴高兴。

拉着和尚叫姐夫——乱攀亲

【释义】指乱拉亲戚关系。

【例句】将来农会开会，自己很有可能当选，……咋能跟这个姑娘拉拉扯扯，这不成了拉着和尚叫姐夫——乱攀亲吗？（李晓明等《风扫残云》）

腊鸭子煮到锅里——身子儿烂了，嘴头儿还硬

【释义】比喻已经彻底失败了，但嘴上仍不认输。

【例句】可又来，你腊鸭子煮到锅里——身子儿烂了，嘴头儿还硬，现放着不语先生，在这里强道。（《金瓶梅词话》第六十一回）

腊月的白菜——动（冻）了心

【释义】"冻"与"动"谐音。比喻动了真情。

【例句】看见这么漂亮的姑娘，肯定是腊月的白菜——动（冻）了心，不然为什么脚步都迈不动了？

腊月的门神——一个向东，一个向西
【释义】比喻分道扬镳了。
【例句】前几天还见他们亲亲密密的，今天听别人说他们已经分手了，腊月的门神——一个向东，一个向西，这世界真是变化快。

腊月里的娃子——动（冻）手动（冻）脚的
【释义】"冻"与"动"谐音。比喻手脚不老实。
【例句】八姑责怪道："咦，你这个人怎么一回事，腊月里的娃子——动（冻）手动（冻）脚的，你不知道男女有别？"

腊月天喝冰水——从头凉到脚底
【释义】凉：原指温度低，实喻灰心或失望。形容人情绪急剧低落，悲观失望。
【例句】沈颂治好似腊月天喝冰水——从头凉到脚底，无力地倒在椅子里。（戚天法《四明传奇》）

癞蛤蟆打哈欠——好大的口气
【释义】口气：语义双关，既指嘴里呼出的气，又指人说话的气势。讥讽人说话的气势不小。
【例句】不要听他的，他一个人就能独资办厂，真是癞蛤蟆打哈欠——好大的口气！

癞蛤蟆嚼青蛙——不认自己人
【释义】癞蛤蟆和青蛙同类，都是两栖动物，形状和习性相近。指连自家人也要伤害。
【例句】都是亲戚，为什么和人家过不去？癞蛤蟆嚼青蛙——不认自己人。

癞蛤蟆跳到脚背上——咬不咬吓一跳
【释义】比喻即使伤害不了，也叫对方受一场惊扰。
【例句】虽说是个小无赖，可是癞蛤蟆跳到脚背上——咬不咬吓一跳，咱们也得提防着点。

癞蛤蟆想吃天鹅肉——痴心妄想
【释义】天鹅是高空中飞翔的大鸟，癞蛤蟆一蹦也不过几寸高，挨不上去；讥讽人痴迷于根本不能实现的事情。

【例句】 小梅是厂里数一数二的俏姑娘，二车间的小六子想接近人家，有人嘲讽说："小六子是癞蛤蟆想吃天鹅肉——痴心妄想。"

蓝采和的花篮——要什么有什么
【释义】 蓝采和：道教传说中的八仙之一。传说蓝采和的花篮很神奇，想要什么就能变出什么；形容非常丰富，应有尽有。
【例句】 超级市场的货架上商品琳琅满目，蓝采和的花篮——要什么有什么。

懒婆娘的裹脚布——又臭又长
【释义】 比喻讲话、写文章内容空洞，拖泥带水。
【例句】 这篇发言稿真是懒婆娘的裹脚布——又臭又长，不把听众烦跑了才怪呢。

懒驴上磨——不赶不上道
【释义】 道：词义双关，既指磨道，又指轨道。比喻懒人没人督促就不会主动进入正常的轨道。
【例句】 他知道这两个孩子的毛病是不勤快，懒驴上磨——不赶不上道。

烂了的冬瓜——一肚子坏水儿
【释义】 比喻一肚子坏主意、坏心眼儿。
【例句】 这小子眨巴着两只小眼睛，是烂了的冬瓜——一肚子坏水儿。

老包断案——脸黑心不黑
【释义】 老包：包拯，北宋一位清官，善于审判案子。比喻处理事情表面上虽严厉，而实际是为了当事人好。
【例句】 你好生什么气，书记训你是老包断案——脸黑心不黑，这还看不出来？

老肥猪上屠场——挨刀的货
【释义】 比喻受惩罚的对象。
【例句】 这个丫头要是从张寡妇口里掏去了我说的那些话，那我自己还不是老肥猪上屠场——挨刀的货！（《沂蒙长缨》）

老鸹落在猪背上——一个赛过一个黑
【释义】 比喻一个比一个坏、贪婪。

【例句】 一把手与二把手是老鸹落在猪背上—— 一个赛过一个黑，你说老百姓能没意见吗？

老虎挂佛珠——假充善人
【释义】 比喻坏人伪装成好人。
【例句】 他有意提高嗓门说道："是呀，不是瘟病，也硬说是瘟病，还做道场，完全是捉弄人！这明摆着是老虎挂佛珠——假充善人，想蒙骗我们安下心来多挖矿！"（《石龙岗》）

老虎的尾巴——摸不得
【释义】 比喻不要随便接触或抵触恶势力。
【例句】 我不慌不忙地掏出手枪对着他说："你是老虎的尾巴——摸不得？告诉你，我们是八路军。"（《星火燎原》）

老母鸡撵兔子——假充鹰
【释义】 讽刺人没有本事却硬充有本事。
【例句】 算啦，算啦，你这老家伙净会给添麻烦！想为打洞帮忙在家里还不是一样割荆编筐。去去，快滚开，老母鸡撵兔子——假充鹰了！（侯钰鑫《大路歌》）

老鼠过街——人人喊打
【释义】 比喻某人干尽了坏事，人人痛恨，群起而攻之。
【例句】 二癞子整天躲在山里，惶惶不可终日，这时他才体会到老鼠过街——人人喊打的滋味。

老和尚念经——总是那一套
【释义】 指没有新意重复老一套。
【例句】 时代在前进，我们要不断创新，不能像老和尚念经——总是那一套哇。

老虎吃天——摸不到边
【释义】 比喻任务太大，一时不知从何下手。
【例句】 这么大的城市，叫我们到哪里去找？真是老虎吃天——摸不到边！

老牛拉破车——慢慢吞吞

【释义】 形容动作极其缓慢。

【例句】 大家都加把劲,老是这么老牛拉破车——慢慢吞吞,什么时候能完成生产指标!

老鼠掉到书箱里——咬文嚼字

【释义】 咬文嚼字:指抠字眼儿。多讥讽人过分地斟酌字句,或卖弄学识。

【例句】 读书也要注意方法,既不能走马观花,也不能老鼠掉到书箱里——咬文嚼字,要重在领会精神实质。

老鼠眼睛——一寸光

【释义】 讥讽人目光短浅。

【例句】 孩子的前途比什么都要紧,再困难也得让他上学。千万别老鼠眼睛——一寸光啊!

老鼠钻牛角——此路不通

【释义】 牛角的尖端是死的,不通。形容思路想法不对。

【例句】 我曾经想用一种快捷的办法解这道数学题,演算了好几遍,结果是老鼠钻牛角——此路不通。

老鼠钻瓶子——好进难出

【释义】 瓶子立着,老鼠向下钻进去容易,向上爬出来可就难了;比喻人加入容易,退出来很难。

【例句】 你才来几天就想调走,那怎么能行呢?老鼠钻瓶子——好进难出啊!

老王卖瓜——自卖自夸
【释义】 指自我夸耀。
【例句】 有一条广告宣传他们的药能包治百病。天下哪有这样的药？纯粹是老王卖瓜——自卖自夸。

理发师带徒弟——从头学起
【释义】 比喻从最基本的东西学起。
【例句】 不会不要紧，只要肯学我就肯教，咱们明天理发师带徒弟——从头学起，好不好？

梁山泊的军师——无（吴）用
【释义】 "吴"与"无"谐音。比喻没有用途，没有使用价值。
【例句】 我大字不识一个，在你们干的文化事业里，我是梁山泊的军师——无（吴）用。

两个哑巴见面——没说的
【释义】 原指无话可说，或不说话；实指很完美，没有什么可挑剔的。常用于称赞。
【例句】 这个小伙子叫李长明，二十二，长得膀乍腰圆，外形真有点像龙驹，谁见了谁都喜欢。论干活，可跟龙驹不一样，那是两个哑巴见面——没说的。（金河《龙驹传》）

两手攥空拳——一无所有
【释义】 攥：紧握。多形容十分贫穷。
【例句】 他这两年卧病在家，把出去挣的钱全花光了，眼下是两手攥空拳——一无所有，外头还欠了一屁股债。

冷水浇头——凉了半截
【释义】 凉：词义双关，既指温度低，又指灰心失望。形容遇到挫折，原先的热情突然减退。
【例句】 他一听说心上人有了朋友，好似冷水浇头——凉了半截。

刘备卖草鞋——本行
【释义】 比喻是自己一贯从事的工作或职业。
【例句】 当老师对我来说，可是刘备卖草鞋——本行。

刘姥姥进大观园——眼花缭乱

【释义】 比喻看了纷繁复杂的事物而感到迷乱。

【例句】 大水第一次进城，一下车，就像刘姥姥进大观园——眼花缭乱，眼睛不够用了。

龙王庙里失了火——慌神

【释义】 龙王庙：供奉龙王（神话传说中掌管兴云降雨的神）的庙宇。神：原指神灵，转读"神儿"，实指神色。形容人心慌意乱。

【例句】 我和刘倩在车间门外停住，周维扫了我们一眼，转身装着去厕所，可走进厕所马上又出来了，站在一边斜瞥着眼向我们这边瞅。看来，他是龙王庙失了火——慌神了。（尹万发《神奇命案》）

聋子的耳朵——样子货

【释义】 比喻徒有其表而无实用价值。

【例句】 他笑着说："我没个讲的，人家两口子啥也闹好了，才拉了个我；咱这是聋子的耳朵——样子货。我只管吃油糕！"（马烽、西戎《吕梁英雄传》）

聋子拉二胡——胡扯

【释义】 比喻胡说八道。

【例句】 "这棵树就长在我家地头的嘛！"石中贵气粗起来。"你聋子拉二胡——胡扯！"石三虎瞪眼道："公社的地，怎成了你家的地？"（王东满《漳河春》）

鲁班门前抡板斧——不知天高地厚

【释义】 鲁班：春秋时鲁国人，姓公输，名般。"般"与"班"同音，故称鲁班，他是我国古代著名的能工巧匠，被建筑工匠奉为祖师。板斧：刃平而宽的大斧子，木工常用。讥讽人狂妄自大，竟然在行家面前卖弄。

【例句】 他是我们这一带有名的武术教练，你扬言要跟他比武，真是鲁班门前抡板斧——不知天高地厚。

搂草打兔子——捎带

【释义】 指做某件事时顺便做另一件事。

【例句】 周铁杉瞪起眼，埋怨地说："我叫你去找冯超，要车要粮，谁让你挑的？"许光发笑了，调皮地说："我这也是搂草打兔子——捎带！"（张天民《创业》）

M

麻线绳穿针眼——过得去就行

【释义】 比喻说得过去就可以了。

【例句】 你也别太较真儿了,麻线绳穿针眼——过得去就行,他不已经认错了吗?

麻绳拴豆腐——甭提了

【释义】 比喻事情不能言说,无法用语言来表达。

【例句】 他跑到钢琴旁,一会儿摸摸这儿,一会儿按按琴键,那高兴劲儿,真是麻绳拴豆腐——甭提了。

麻袋片儿做龙袍——不是那块料

【释义】 麻袋片儿:粗麻布制成的麻袋破损后的碎片儿。龙袍:旧时皇帝穿的袍子,用精纺的锦缎做成。比喻不是合格的人选。

【例句】 演这出戏还是要靠你,我本人,那是麻袋片儿做龙袍——不是那块料。

马路上的电线杆子——靠边儿站

【释义】 比喻退居二线,让出岗位。

【例句】 我干这项工作力不从心。现在我宁愿退下来,马路上的电线杆子——靠边儿站,给能者让路。

蚂蚁戴眼镜——脸面不小

【释义】 讥讽人情面大。

【例句】 献忠用鼻孔哼了一声,说:"像你这样芝麻大的官儿,凭你这顶乌纱帽,能够担保朝廷不收拾我张献忠?……你是吹糖人儿的出身,口气怪大。蚂蚁戴眼镜——自觉着脸面不小。"(姚雪垠《李自成》)

买了琵琶没上弦——不能谈(弹)

【释义】 "弹"与"谈"谐音。指不能说。

【例句】 你要问我有什么想法,目前还是买了琵琶没上弦——不能谈(弹)。

麦子地里扎草人——吓麻雀

【释义】比喻虚造声势，吓唬胆小的人。

【例句】牛本温知道敌人这是麦子地里扎草人——吓麻雀，谅他不敢动手。他想，如果枪毙了我，没人驾船，那他们就都要到龙王爷那里去当水鬼。（严亚楚《龙感湖》）

卖布不带尺子——瞎扯

【释义】扯：语义双关，既指撕扯，又指漫无边际地闲谈。卖布的不用尺子，用手随便扯布卖；形容说一些漫无边际的闲话。

【例句】你这可是卖布不带尺子——瞎扯，离咱们谈的主题越来越远了。

卖了生姜买蒜吃——换个口味

【释义】本指变换饮食的滋味，转指变换个人的某些爱好。

【例句】我知道河南人喜欢看豫剧，今天你到山西来，卖了生姜买蒜吃——换个口味吧，我请你看晋剧，好不好？

卖了儿子招女婿——只图热闹

【释义】指做事只图表面上热闹，而无实际效用。

【例句】李大牛困惑不解地问："刘世忠放了我们，又要抓我们，难道是卖了儿子招女婿——只图热闹吗？"（龚昌盛《沉浮》）

满嘴黄连——说不出的苦

【释义】黄连：多年生草本植物，根茎味苦。比喻人的处境非常痛苦，难于用语言形容。

【例句】被拐骗的妇女都是满嘴黄连——说不出的苦。

盲人骑瞎马——乱闯

【释义】比喻做事没有目的性，盲目瞎干。

【例句】事情总得有个界限，你要是总抱着"走资派"的粗腿不放，盲人骑瞎马——乱闯，那你可离悬崖不远了。（从维熙《大墙下》）

猫扒琵琶——乱弹琴

【释义】扒：用手抓。猫抓乐器弹不出什么曲调；比喻人胡扯或胡闹。

【例句】你在这里胡说一气，把人都给说走了，真是猫扒琵琶——乱弹琴。

猫哭老鼠——假慈悲

【释义】 讥讽人假装慈善，怜悯受害者。

【例句】 他跟邻居家一向不和，邻居家出事，他一边心中暗喜，一边却猫哭老鼠——假慈悲，也去慰问一番。

猫咬猪尿泡——空欢喜

【释义】 尿泡即膀胱，储存尿的器官。旧时杀猪后尿泡一般抛弃无用，有人就把尿泡吹成气球玩。猫见充气的猪尿泡以为可做一顿美食，可是一咬就破，气一放只剩下薄薄的一张皮，毫无吃头，所以是空欢喜了一场。形容劳力伤神，费尽心机却什么也没有得到。

【例句】 法院的判决书下来了，他想独吞遗产的梦也做不成了，猫咬猪尿泡——空欢喜了一场。

猫头鹰报喜——丑名（鸣）在外

【释义】 "鸣"与"名"谐音。民间把猫头鹰视为不祥之物，猫头鹰的叫声不受人欢迎，比喻坏的名声在外流传。

【例句】 金山插了一句，说："全叔，猫头鹰报喜——这两天你可真是丑名在外。"（刘江《太行风云》）

毛驴拉磨——原地打转

【释义】 形容在原地绕圈子，没有前进。

【例句】 两个队员在山林里走了半天，还是毛驴拉磨——原地打转，他们迷路了。

毛驴备上银鞍——不配

【释义】 比喻人配不上某种待遇。

【例句】 我们都是打工的农民。你把我们安排在星级宾馆住,毛驴备上银鞍——不配呀!

毛猴子捞月亮——白白地忙活了一场

【释义】 毛猴子:猴子。指劳而无功。

【例句】 乔保瞅了瞅曹茂奎愁眉不展的脸,也苦恼地说:"唉,想不到咱忙了一六十三着,才是毛猴子捞月亮——白白地忙活了一场,还落了几顶大帽子。"(聂海《靠山堡》)

茅房的砖头——又臭又硬

【释义】 形容人的品行败坏,态度蛮横顽固。

【例句】 你明明偷了钱包,还不承认,说话又这么蛮横,真是茅房的砖头——又臭又硬。走!跟我去派出所评评理去!

帽子里装知了——头名(鸣)

【释义】 "鸣"与"名"谐音。比喻第一名。

【例句】 "这次考试,小张成绩怎样?""那还用说,帽子里装知了——头名(鸣)呀!"

帽子破了边——顶好

【释义】 顶:原指物体(帽子)的最高部分,实指程度最高。指最好,表示赞赏。

【例句】 哈大虎琢磨了一会,一拍大腿,叫道:"帽子破了边——顶好!叫'地火龙',要得!要得!"(柳炳仁《玉树琼花》)

梅兰芳唱霸王别姬——拿手好戏

【释义】 《霸王别姬》是京剧表演艺术家梅兰芳的代表作之一,是他的拿手好戏。比喻最擅长做的事情。

【例句】 在电脑上玩游戏,对小东来说,可是梅兰芳唱霸王别姬——拿手好戏。

没秤锤的秤——到哪里都翘尾巴

【释义】 翘尾巴:语义双关,既指秤杆的尾部往上翘,又指人骄傲自满。比喻人不论到什么地方都骄傲自满。
【例句】虚心使人进步，骄傲使人落后。不能像没秤锤的秤——到哪里都翘尾巴，那是迟早要吃亏的。

没有根儿的浮萍——无依无靠
【释义】浮萍：一年生草本植物，浮生在水面上，根垂挂在水中。形容人生活漂泊不定，没有着落。
【例句】任强志自从死了爷爷，只有一个人过。他像没有根儿的浮萍——无依无靠，到处流浪，让谁看了都觉得可怜。

眉毛上搭梯子——上脸
【释义】比喻以下犯上，言行不礼貌。
【例句】师傅比你爸爸岁数还大呢！说着说着你就眉毛上搭梯子——上脸，没大没小的。

门缝里瞧人——把人看扁
【释义】指小看了人或片面地认识了人。多用于指责。
【例句】大管家，烦你回禀十三爷，就说他门缝里瞧人——把人看扁了。我们义和团，红灯照不是敛小钱的要饭花子，我们干的是亮堂堂的事儿：扶清灭洋。（鲍昌《庚子风云》）

N

拿豆腐挡刀——招架不住
【释义】用松软的豆腐不能抵挡锋利的刀。形容抵挡不了。
【例句】小李和老张在下象棋，一旁观战的小齐悄声对同伴说："我看小李是拿豆腐挡刀——招架不住了。"果不其然，小李一会儿就败下阵来。

拿着棒槌缝衣服——啥也当真（针）
【释义】"针"与"真"谐音。把棒槌当成缝衣针来缝衣服，比喻做任何事情都很较真。

【例句】在小兵面前说话，你可得小心，这孩子，拿着棒槌缝衣服——啥也当真（针），你答应的事可得办到。

拿着草帽当锅盖——乱扣帽子

【释义】帽子：词义双关，既指戴在头上的帽子，又指现成的罪名或坏名目。比喻没有事实根据，随便给人安上现成的罪名或不好的名目。

【例句】我是一个普通百姓，有人却说我"官僚主义"，这样拿着草帽当锅盖——乱扣帽子，我可不能接受！

泥菩萨过河——自身难保

【释义】泥菩萨泡在水里自身会溶化；比喻人自身尚且保不住，哪能顾得上别人。

【例句】这事情非得你办不可，老实告诉你吧，我已是泥菩萨过河——自身难保，顾不上帮你了。

泥鳅掉在石板上——无缝可钻

【释义】泥鳅：小鱼，身体圆柱形，常钻在池沼、水田等处的泥里。比喻人陷入困境，无处脱身。

【例句】他发现前面是条死胡同，后面又有追兵，真是泥鳅掉在石板上——无缝可钻，不知如何才能脱身。

泥鳅身上抹肥皂——滑上加滑

【释义】滑：词义双关，既指光滑、滑溜，又指油滑、狡诈。形容人非常油滑、狡诈。

【例句】你说把敌人从碉堡里调出来打，这个办法好是好，不过，这些家伙可是泥鳅身上抹肥皂——滑上加滑，怕是难调出来。

泥牛入海——无消息

【释义】泥塑的牛浸到水里就没有了踪迹，比喻一去不返，没有一点回音。

【例句】给用人单位发的自荐信，犹如泥牛入海——无消息，小云只得接着发信。

泥水匠无灰——专（砖）等

【释义】"砖"与"专"谐音。泥水匠砌墙没有灰了，砖码在一旁等着。比喻特意等候。

【例句】这件事谁也办不了，我们是泥水匠无灰——专（砖）等您了。

年画上的耕牛——离（犁）不得
【释义】 年画：过春节时民间张贴的画儿，多表现欢乐吉庆气象。"犁"与"离"谐音。指不能分离或离不开。
【例句】 他们两人亲密得像亲兄弟，年画上的耕牛——一时一刻也离（犁）不得。

撵走狐狸住上狼——一伙比一伙凶
【释义】 比喻赶走了恶人，又来了更凶恶的人。
【例句】 起粮要款，苛捐杂税，就没个完。真是撵走狐狸住上狼——一伙比一伙凶，可把老百姓折磨了个苦啊！（刘江《太行风云》）

牛角上抹油——又奸（尖）又滑
【释义】 "尖"与"奸"谐音。比喻人阴险狡猾。
【例句】 侦察员执行任务时一定要胆大心细，不能大意，因为对象都是牛角上抹油——又奸（尖）又滑的人物，所以千万要小心。

牛皮灯笼——肚里亮
【释义】 牛皮做的灯笼，外面不亮里头亮，比喻心里明白。
【例句】 张金龙翻着白眼说："他找我干什么？"双喜说："哼，牛皮灯笼——肚里亮，你心里还不明白？"（袁静、孔厥《新儿女英雄传》）

牛皮灯笼刷黑漆——照里不照外
【释义】 牛皮灯笼刷上黑漆，光线一点都出不来，比喻只顾自己不顾他人。
【例句】 老耿用什么连个招呼也不打，也不管别人用不用，同事们说他是牛皮灯笼刷黑漆——照里不照外。

暖水瓶——表面冷，心里热
【释义】 冷：原指温度低，实指冷淡。热：原指温度高，实指热情。指人外表看似冷淡，而内心很热情。
【例句】 林瑛的脸一红："喜姑，我不是说你妈不好，你妈是个热水瓶，表面冷，心里热。"（王英先《枫香树》）

P

爬楼梯摘月亮——白费力气

【释义】 形容耗费了力气,毫无效果。

【例句】 大家听说他要在荒山上造林,议论纷纷。有的竖大拇指;有的说他是爬楼梯摘月亮——白费力气。

拍马屁拍到了马蹄上——反挨一脚

【释义】 比喻巴结奉承别人,反而遭到打击。

【例句】 新上任的领导不吃老崔这一套,老崔这回是拍马屁拍到了马蹄上——反挨一脚,讨了个没趣。

迫击炮打蚊子——小题大作

【释义】 讥讽人把小问题当作大事情来对待、处理。

【例句】 说到这里,连长的语调渐渐严肃起来:"别认为这是平时训练,迫击炮打蚊子——小题大作;打起仗来,一丝一毫也不能马虎啊!"

判官要饭——穷鬼

【释义】 指人极贫穷。

【例句】 解放前,劳苦大众被有钱人斥为判官要饭——穷鬼;解放后,穷人翻了身,当家做了主人。

螃蟹夹豌豆——连爬带滚

【释义】 豌豆:这里指豌豆的种子,略成球形。爬:爬行,与螃蟹相应。滚:滚动,与豌豆相应。形容狼狈逃跑。

【例句】 这事好办，我多少给他们点银子，就叫他们螃蟹夹豌豆——连爬带滚了！（龙胜轩《金鼠冤》）

螃蟹过马路——横行霸道
【释义】 比喻胡作非为，蛮不讲理。
【例句】 这些人在市场胡作非为，就像螃蟹过马路——横行霸道，这回终于受到了公安机关的惩处，人们无不拍手称快。

螃蟹过河——七手八脚
【释义】 比喻人多手杂很忙乱的样子。
【例句】 幸亏有科研小组的帮助，否则我们是螃蟹过河——七手八脚，不知道要乱成什么样子呢！

炮仗掉进河里——没想（响）
【释义】 炮仗：爆竹。"响"与"想"谐音。指没有想头，或没有去想。
【例句】 大家都听说，那座看起来光秃秃的山，底下埋藏着许多宝贵的矿石。可多少年来，却只能是炮仗掉进河里——没想（响），谁都没动开采的念头。

披蓑衣救火——惹祸（火）上身
【释义】 比喻自找麻烦，招惹事端。
【例句】 说时"乓"的一声关上了门，肚里却说："我才没那么傻，披蓑衣救火——惹祸上身！"（罗旋《南国烽烟》）

砒霜拌辣椒——又毒又辣
【释义】 比喻手段凶狠残酷。
【例句】 旧社会地主老财对付长工的手段真是砒霜拌辣椒——又毒又辣。

破琵琶——谈（弹）不成了
【释义】 "弹"与"谈"谐音。比喻谈判失败。
【例句】 这次谈判，双方都不肯让步，恐怕是破琵琶——谈（弹）不成了。

破篓子装泥鳅——走的走，溜的溜
【释义】 泥鳅：一种生活在小河和池沼里的小鱼，身体圆柱形，有黏液，很滑溜。

本指泥鳅装在破篓子里纷纷溜掉，实指人悄悄地走散。

【例句】会要开得热呼一点，不能像往常那样开得冷火消烟，人到不齐，到了会的，不是打瞌睡就是开小会，会议没结束，破篓子装泥鳅——走得走，溜得溜，到会议散时人都走光了。（李自由《不夜的山村》）

Q

七八月的南瓜——皮老心不老

【释义】南瓜：农历七八月时皮已经变老，但瓜瓤还不老。比喻人虽老了，心还年轻，仍有进取心。

【例句】你不要看他已经七十多岁了，他是七八月的南瓜——皮老心不老，还上夜大学习外语呢。

七月半烧纸钱——哄鬼

【释义】七月半：指农历七月十五，迷信说这一天是鬼节。纸钱：迷信的人烧给死人或鬼神的圆纸片，形状像铜钱。本指哄骗鬼神，实则责骂人的所作所为太荒唐，骗不了人。

【例句】你说的这一套，哪有一点点真的？还想拿来骗我，七月半烧纸钱——哄鬼去吧！

七个钱放在两处——不三不四

【释义】比喻人不正派，流里流气。

【例句】小峰，你交的朋友就像七个钱放在两处——不三不四，对你可没好处。

七月的河水——后浪推前浪

【释义】七月：指阴历七月，是雨季，河水上涨很快。原指河水一浪赶过一浪，实指人流如浪潮，不停地往前涌动。

【例句】乡亲们听到这振奋人心的好消息，就像是七月的河水——后浪推前浪，一齐向白庄涌去。（马国超等《马本斋》）

骑老牛撵兔子——有劲儿使不上

【释义】指因受条件限制，才能无法施展。

【例句】是啊，敌人机枪一响，压得抬不起头，那阵子，是骑老牛撵兔子——有劲儿使不上。（徐栩《大雪飘》）

骑驴看唱本——走着瞧

【释义】唱本：记录曲艺或戏曲唱词的小册子。原指边走边瞧（唱本），实指事情结局如何，还未见分晓，等着看。

【例句】随后王臭子手里提一只三条腿圆凳，气势汹汹地赶到门口，见康家败走远了，才用手擦着鼻血，跺着脚大骂："康家败，……走了和尚走不了庙。骑驴看唱本——走着瞧吧！"（马烽等《吕梁英雄传》）

骑着驴吃烧鸡——这把骨头还不知道扔在哪儿

【释义】骨头：原指吃了烧鸡后剩下的骨头，实指人的尸骨。不知死后尸骨埋在哪里。指到处流浪，没有安定生活。

【例句】他们这一伙人正像他们自己常用的那句话一样，骑着驴吃烧鸡——这把骨头还不知道扔在哪儿呢！（刘流《烈火金钢》）

骑在老虎背上——身不由己

【释义】比喻事情不由自己作主，而受别人的控制。

【例句】姑娘，你倒是一片好心，可别提念这种事，不用说他今天还吃着官司，就按平常，吴团长也是骑在老虎背上——身不由己呀！（李英儒《野火春风斗古城》）

骑牛追快马——望尘莫及

【释义】骑牛去追快跑的马，只能看见前面的马奔跑时扬起来的尘土，却追赶不上；形容远远地落在后边。

【例句】他们队的球艺，经过名教练指点，进步很快。看来，我们是骑牛追快马——望尘莫及了。

旗杆上挂剪刀——高才（裁）

【释义】"裁"与"才"谐音。本指在高处裁剪，转指才华很高。有时含讥讽意味。

【例句】你的技术实在高明，旗杆上挂剪刀——高才（裁），高才（裁）！

旗杆顶上绑鸡毛——好大的胆（掸）子

【释义】掸子：一种除尘工具，常用鸡毛绑在小竹棍上做成。掸：谐"胆"。指胆子太大。常用于责骂。

【例句】敢抗旨不遵！旗杆顶上绑鸡毛——好大的掸（胆）子！我问你：你敢当着我的面，连说三句"不搬"吗？（刘林仙等《薛刚反唐》）

旗杆上的灯笼——高明

【释义】旗杆上的灯笼，又高又亮，比喻有独道见解或技能十分高超。

【例句】没想到这个射箭的人，真有两刷子，箭术硬是旗杆上的灯笼——高明。（张作为《原林深处》）

起重机吊竹篮——不值一提

【释义】提：词义双关，既指把物体由下往上吊，又指谈起（某件事）。多比喻某件事情无关紧要，没有必要谈论。

【例句】我借给你们的那些钱，本来就是想赞助你们的，不能还也就算了，起重机吊竹篮——不值一提。

汽车按喇叭——靠边儿站

【释义】本指汽车示意行人给让路站到路旁边上去；比喻人离开原来的职位或失去原有的权力。

【例句】他原来大权在握，上个月被免了职，汽车按喇叭——已经靠边儿站了。

砌墙的砖头——后来居上

【释义】砌墙时，砖头是从下往上码，后砌的砖头在上面。比喻后来的超过了前面的。

【例句】接力赛上，一班的李明同学在最后一棒战胜各班选手，终于取得了冠军，体育老师说他是砌墙的砖头——后来居上。

汽车放炮——泄气

【释义】比喻失去了信心和干劲。

【例句】这次对抗赛我们虽然输了，但我们检验了自己的实力，也学到了不少经验，大家可别汽车放炮——泄气呀！

千里搭长棚——没有个不散的筵席

【释义】 棚：指为摆筵席搭的棚。比喻人有聚必有散。
【例句】 你不要再挽留他了，千里搭长棚——没有个不散的筵席。

千里送鹅毛——礼轻情义重

【释义】 比喻礼物虽轻，情意却很深厚。
【例句】 人家从云南大老远给你捎来了一点儿沱茶，千里送鹅毛——礼轻情义重啊。

钱串子脑袋——见钱眼开

【释义】 比喻爱财如命。
【例句】 你们认错人了！别以为几个臭钱就能买动我们的心，我们可不像你们，长了个钱串子脑袋——见钱就眼开！（竹丛《敌后战场》）

墙上的草——风吹两边倒

【释义】 比喻人没有主见，左右摇摆，或哪边势力大就靠向哪边。
【例句】 （钱文贯说：）"再说江世荣那小子，是个滑头，弄得不好，他会把你卖了的。你看，他发了多少财，白手起家，靠的是谁？如今也忘了水源头了，墙上的草——风吹两边倒着呢！"（丁玲《太阳照在桑干河上》）

墙上挂门帘——没门儿

【释义】 比喻不同意，表示拒绝。
【例句】 老朱一巴掌打过去，骂道："只要我活着，你想占房子，墙上挂门帘——没门儿！"

墙上画的饼——好看不中吃

【释义】 在墙上画饼，只能看着而不能吃。比喻事物表面好看，但没有实用价值。
【例句】 这东西价格很贵，看起来也十分漂亮，但一用才知道，这东西是墙上画的饼——好看不中吃。

敲着空米缸唱戏——穷开心

【释义】 穷：原指贫穷，实表示程度深。开心：原指心情欢、舒畅，实指戏弄人。指拿别人开玩笑、戏弄人。

【例句】尤哥，这么晚了，我还以为碰到了贼，想不到却是你！哎，敲着空米缸唱戏——你就爱穷开心！（严霞峰《况公案》）

敲锣卖糖——各干一行
【释义】比喻各人干各人的事。
【例句】别忘了我们两家是平起平坐，是协商问题。咱们敲锣卖糖——各干一行。你不合作也可以，咱各行其事，各有自由。（李英儒《女游击队长》）

桥孔里插扁担——担不起
【释义】比喻担当不起，不敢当。
【例句】这个大工程交给我来指挥，我可真是桥孔里插扁担——担不起呀。

青菜、豆腐——一清（青）二白
【释义】青：谐"清"。形容为人清白，没有污点。
【例句】只有受得了清苦，才能做人清白；青菜、豆腐——一清（青）二白，人吃了，从嘴里到肚里都是干干净净的。（胡山源等《南明演义》）

清水锅里煮铜钱——一眼看到了底
【释义】比喻一下就能看清事物本质。
【例句】后来这些年，李家大院的所作所为，可真是清水锅里煮铜钱——一眼看到了底。（刘江《太行风云》）

R

染坊里吹笛子——有声有色
【释义】 比喻说话、表演非常生动。
【例句】 别看他平时不多说话，口才可好呢！一说起故事来，染坊里吹笛子——有声有色的，谁都爱听。

热锅上的蚂蚁——走投无路
【释义】 比喻陷入难以摆脱的困境，找不到出路。
【例句】 孙老大本来窝着一肚子火，听着老婆唠叨，更加火了，一脚踢翻桌子，拿着烟袋就跑到大门外。一个人蹲在大门洞里生闷气。心里急得油煎火燎，好像热锅上的蚂蚁——走投无路了。（马烽《我的第一个上级》）

热泥人——财（才）烧的
【释义】 "才"与"财"谐音。热的泥人，刚刚才烧出来的，比喻钱多出事。
【例句】 为个死人大讲排场，铺张浪费，这不是热泥人——财（才）烧的吗?!

热天切西瓜——一刀见红白
【释义】 比喻立刻就能见分晓。
【例句】 热天切西瓜——一刀见红白，你要同意，就现在签合同。

肉案上的买卖——斤斤计较
【释义】 形容过分计较细小的事情。
【例句】 我们看问题要从大处着眼，对一些小是小非，就不要肉案上的买卖——斤斤计较了。

肉包子打狗——有去无回
【释义】 比喻钱财被贪婪的人取走，不可能再拿回来。
【例句】 他借走钱时说好按时还，可到今天连个人影儿也不见，我看哪，这分明是肉包子打狗——有去无回！

S

仨鼻子眼儿——多出一口气
【释义】 常用于责骂别人多管闲事。
【例句】 二牛子走进柜房,冲着宋胖子劈头就问:"宋头儿,咱今年的'馈送'还发不发?"宋胖子双手一倒背,没好气地说:"仨鼻子眼儿——多出一口气,你问这个干嘛!"(竹丛《敌后战场》)

三尺长的梯子——搭(答)不上檐(言)
【释义】 搭:谐"答"。檐:房檐,谐"言"。搭不上话。指应答不上。
【例句】 可惜这些庸俗小人,大都是酒囊饭袋,只会说些肉麻的奉承话,真要提笔写点什么上得场面的诗歌颂词,就三尺长的梯子——搭(答)不上檐(言)了。(刘长贵《唐伯虎题词骂奸臣》)

三个指头抓田螺——十拿九稳
【释义】 形容很有把握,很保险。
【例句】 有人摸到了这个"规律",开会前就往任绍春身边蹭,趁其不意,就把手伸进他的兜里去了,三个指头抓田螺——十拿九稳,每次都有收获。(刘彦林《三月潮》)

三十晚上盼月亮——没有指望
【释义】 农历三十晚上出不了月亮,没盼头;比喻没有指望,所盼不能实现。
【例句】 儿子答应每个月给老两口儿汇100元钱,7个月过去了,一个钱也没见,他们是三十晚上盼月亮——没有指望了,真是愁呀!

三分钱的豆腐脑——现成(盛)
【释义】 "成"与"盛"谐音。比喻事先已经准备好,不用临时做。
【例句】 一日,到友人家做客,聊至晌午时分,起身告辞,友人留吃饭,曰:"不必麻烦!"友人曰:"三分钱的豆腐脑——现成(盛)。"

三伏天刮西北风——莫名其妙

【释义】 比喻事情很奇怪,不合常规,使人不明白。
【例句】 真是三伏天刮西北风——莫名其妙,大家不知她说些什么。

三花脸照镜子——鬼相

【释义】 比喻故意做出滑稽表情。
【例句】 三婶嗔怪地说:"看你这小子,三花脸照镜子——鬼相!"

三间屋里两头住——谁还不知道谁

【释义】 比喻彼此心里十分明白、清楚对方。
【例句】 刘大妈笑着劝道:"你们俩三间屋里两头住——谁还不知道谁,别吵了!"

三斤半鸭子二斤半嘴——多嘴多舌

【释义】 指多言多语,说不该说的话。
【例句】 这个人哪,三斤半鸭子二斤半嘴,就是喜欢多嘴多舌。

三两棉花四张弓——细细地谈(弹)

【释义】 "弹"与"谈"谐音。指详细谈或慢慢谈。
【例句】 在铁匠抢着说:"干脆,给他来软的,他要抓丁,我们就三两棉花四张弓——给他细细地谈(弹)!"(邱恒聪《狂飙》)

舌头碰牙齿——免不了

【释义】 比喻一个单位或常在一起的人与人之间免不了会有矛盾或摩擦。
【例句】 在一块工作久了,舌头碰牙齿——免不了,只要双方都有团结的愿望,事情一过,又会和好如初。

蛇入竹筒——曲形犹在

【释义】 蛇钻入竹筒中,身子虽然挺直了,但其盘曲的本能依然未变。比喻本性难移。
【例句】 刁守义那句蛇入竹筒——曲形犹在的话,道出了他自己的反动本性,是他那表里不一的真实写照。

深山里的石头——有的是

【释义】 强调很多,不怕没有。

【例句】 班长对新兵小书说:"你呀,急啥,以后立功的机会就好像深山里的石头——有的是。"

生铁犁头——宁折不弯

【释义】 用生铁铸成的犁头,会折断但不会弯曲。形容人性格刚强耿直,不屈服于压力,不屈辱乞求别人。

【例句】 林定坚是个生铁犁头——宁折不弯的硬汉,哪里吞得下这口冤枉气?(《长缨颂》)

生吞了两只活老鼠——八爪抓心

【释义】 形容人心烦意乱,心里很难受。

【例句】 陈广将要大显身手的消息,果然弄得钱宗岱像生吞了两只活老鼠——八爪抓心,再也坐不安然,闷声不响走了。(里汗《新绿林传》)

狮子尾巴摇铜铃——热闹在后头

【释义】 比喻更大的争斗,更大的喧闹还在后面。

【例句】 这些人都是地头蛇,互不示弱,看着吧,这一下是狮子尾巴摇铜铃——热闹在后头呢!

十八只唢呐齐奏——全吹啦

【释义】 比喻事情办不成或感情破裂。

【例句】 眼下这事对内虽是公开,对社员群众还是保密的,特别是不能让南山大队支书郑维山知道,如果这消息传到他耳朵里,那干塘的计划就像是十八只唢呐齐奏——全吹啦。(《湖南短篇小说选》)

十冬腊月吃冰棍——里外都是凉的
【释义】 比喻非常失望或灰心。
【例句】 他说:"我跟这潮白河打了半辈子交道,连四两胶泥土都没见过!"他这么一说,把我说了个十冬腊月吃冰棍——里外都是凉的。

十二月卖扇子——不识时务
【释义】 比喻做事不看时机和形势。
【例句】 我现在哪有心思教你唱歌啊!你这闺女,真是十二月卖扇子——不识时务!

十五的月亮——圆圆满满的
【释义】 比喻做事周到全面,没有欠缺和疏漏。
【例句】 经过两天的侦察,掌握了详细的敌情,赤卫队把虎口拔牙的作战方案订得像十五的月亮——圆圆满满的。

十五个吊桶打水——七上八下
【释义】 形容心神不定,忐忑不安。
【例句】 那胡正卿心头十五个吊桶打水——七上八下,暗暗地寻思道:"既是好意请我们吃酒,如何却这般相待,不许人动身?"(施耐庵《水浒》第二十六回)

十字街口贴告示——众所周知
【释义】 比喻大家全都知道。
【例句】 可刘金保不一样!他是老英雄、老模范,人没在岛,他的名字在咱部队里可是十字街口贴告示——众所周知。

石头打的锁——没眼儿
【释义】 石头锁,没有开锁的眼儿。比喻人的思想顽固,不开通。
【例句】 老陈,我没少开导他。不成!这是一把石头打的锁——没眼儿。

T

塌了大梁的房子——散架

【释义】 原指完整的东西松散开,实指崩溃或垮台。

【例句】 前年死了老伴儿,家就像塌了大梁的房子——散架了。队里的事、社会上的事也都不顺心。老汉的精神头一下子落了千丈。(王主龙《清泉曲》)

太公钓渭水——走老运

【释义】 太公:姜太公,太公望吕尚的别名,字子牙。相传姜子牙八十岁时在渭河边钓鱼,遇到周文王,得到重用。指人老了走好运。

【例句】 卫乃道说:"……苗师傅,你可说是太公钓渭水——走老运。我要向你道喜:王主任见你古道,一上任你也跟着接风,如今要重用你了。"(曾秀苍《山鸣谷应》)

太行山上看运河——远水不解近渴

【释义】 太行山:山脉名,在山西高原与河北平原之间,干旱少雨。运河:这里指贯穿我国南北的大运河。站在太行山顶能看见运河,却无法把河水引上来以解干旱之急;比喻迟缓的办法不能解救燃眉之急。

【例句】 我眼下急需一万元交住院费,你却说要等到年底分了红才能借给我,这不是太行山上看运河——远水不解近渴嘛!

太岁头上动土——好大胆

【释义】 旧时认为兴建土木要避开太岁的方位,否则会招惹灾祸。比喻招惹了有权有势的人。

【例句】 史进喝道:"汝等杀人放火,打家劫舍,真是太岁头上动土——好大的胆!"(施耐庵《水浒》第二回)

太阳落山的猫头鹰——开了眼

【释义】 比喻见了世面,开阔了眼界。

【例句】 长这么大,第一次进城,看哪儿都新鲜,真是太阳落山的猫头鹰——开了眼啦。

天上的风筝——叫别人牵着飞

【释义】比喻自己没有主心骨，受别人指使或操纵。

【例句】遇事要有自己的主见，不能像天上的风筝——叫别人牵着飞。

天上的星星——没准数

【释义】形容数量多，计算不出确切的数字。

【例句】这个贪得无厌的大贪污犯，光是他非法收受的金银首饰就像天上的星星——没个准数了。

坛子里捉鳖——手到擒来

【释义】形容某事做起来非常容易。

【例句】心急的战士们包括姚光明在内，都提议第二天拂晓就去袭击汤家楼。认为汤三子那二十条破枪，根本用不着认真对付，用姚光明的话说是坛子里捉鳖——手到擒来，容易得很。（黎汝清《万山红遍》）

堂屋里挂草垫——不是话（画）

【释义】"话"与"画"谐音。正房的墙上挂个草垫子，那可不是画。比喻说的不像话。

【例句】瞎子听了半天，听他两人说的，都是堂屋里挂草垫——不是话（画），也就不扯动，慢慢地摸着回去了。（《儒林外史》第五十四回）

唐僧上西天——取经去

【释义】西天：我国古代佛教徒称印度（古称天竺）。原指去求取佛经，实喻去学习先进人物或单位的经验。

【例句】你问的是张师傅和老戴吗？他们正在掏"炼钢"两位老工人的底呢！唐僧上西天——取经去了。（程树榛《钢铁巨人》）

提着灯笼拾粪——找死（屎）

【释义】"屎"与"死"谐音。比喻自找倒霉，自取灭亡。

【例句】这些歹徒公然打劫行人，手段凶残，他们这是提着灯笼拾粪——找死（屎），最终要受到法律的严惩。

提着醋瓶讨饭——穷酸

【释义】讨饭还提着醋瓶,又贫穷又寒酸。比喻人穷而迂腐。

【例句】亏你还念过书呢!怎么见个人办个事还是提着醋瓶讨饭——一幅穷酸相。

剃头洗脚面——一错到底

【释义】剃头匠应剃头发,却洗起脚面,从头上错到了脚底下。比喻从头到尾都是错的。

【例句】这个数据有问题,虽说算起来很麻烦,但为了后面的工作,还是再算一遍,免得剃头洗脚面——一错到底,从头再来。

剃头担子——一头热

【释义】剃头担子:流动服务的理发匠所挑的担子,一头放板凳和理发工具,另一头是烧热水用的小火炉。热:原指温度高,实指热情。多指当事双方,只有一方热情。

【例句】人家对你一点表示都没有,我看你是那剃头担子——一头热。

天津卫的包子——狗不理

【释义】天津的著名小吃之一就是狗不理包子。比喻人品行恶劣,招人讨厌。

【例句】他总爱干点偷偷摸摸的勾当,还爱占小便宜,谁都不愿理他,他的外号是天津卫的包子——狗不理。

天下乌鸦——一般黑

【释义】乌鸦都是黑的,比喻坏人都是一样的坏。

【例句】 "天下乌鸦——一般黑,北方地主也并不比南方地主开明些!"杨克威愤慨地说道。(郭明伦等《冀鲁春秋》)

田坎上修猪圈——肥水不流外人田
【释义】 在田埂上修圈养猪,猪的粪肥就流入自己的田里了。比喻好处不能让别人拿到。
【例句】 她可是个不吃亏的人,你找她借东西,她即使不用也不会借给你,那是田坎上修猪圈——肥水不流外人田。

挑水的娶了个卖茶的——找对人了
【释义】 比喻非常合适。
【例句】 他可是个玩计算机的能手,有问题找他,那可是挑水的娶了个卖茶的——找对人了。

跳进黄河——洗不清
【释义】 黄河水浑浊不清,所以洗不干净。比喻蒙受冤屈,还无法澄清事实。
【例句】 春保紧锁眉头:"没说的了,肯定怀疑上咱们了,唉,这真是跳进黄河——洗不清啦!"(方义华《月亮湾的风波》)

铁轨上的火车——走得正,行得直
【释义】 形容人正直。
【例句】 人家老董是铁轨上的火车——走得正,行得直。

铁匠拆炉——散伙(火)了
【释义】 "火"与"伙"音同相谐。炉子拆了,炉火散了;转指一个群体解散了。
【例句】 他们单位承担的任务已经完成,铁匠拆炉——快要散伙(火)了,他们几个人正在找新的工作。

铁公鸡——一毛不拔
【释义】 比喻极为吝啬、小气。
【例句】 那里有个小财主,名叫聂明富,是个有名的小气鬼,人家都叫他铁公鸡——一毛不拔,他的笑话要用箩筐挑。(罗旋《南国烽烟》)

铁拐李的葫芦——不知卖的什么药

【释义】 比喻不知道心里想什么,有什么打算。

【例句】 现在骗子很多,你少搭话,他们是铁拐李的葫芦——不知卖的什么药,可千万别上当。

铁打房梁磨绣针——功到自然成

【释义】 绣针:绣花针。指世上无难事,只要功夫下到了,再难办到的事情也能办成功。

【例句】 江涛说:"你今天纺二两,明天纺三两,纺到哪一天才能积攒这么多钱?"春兰说:"我一天天地纺,铁打房梁磨绣针——功到自然成!"(梁斌《红旗谱》)

铜板做眼镜——认钱不认人

【释义】 铜板:旧时使用的铜质辅币,圆形,也叫铜圆。讥讽人势利眼,把钱看得太重。

【例句】 他自从做了买卖以后,一心想赚钱,为了钱,六亲不认,大家都说他是铜板做眼镜——认钱不认人。

土地喊城隍——神乎(呼)其神

【释义】 "呼"与"乎"谐音。比喻神秘奇妙到极点。

【例句】 这些补药也不知道管用不管用,说明书上说得可好了,做的广告也是土地喊城隍——吹得神乎(呼)其神。

土地庙的横批——有求必应

【释义】 比喻有什么请求一定会答应。

【例句】 老张的心肠特别好,他是宁肯自己吃亏也不让别人难过的人,找他办啥事,他是土地庙的横批——有求必应。

W

歪嘴吹喇叭——一股邪气

【释义】 比喻事情奇怪，难理解。

【例句】 一句话把龙蟾珠说得当真发起急来，把面孔胀得通红，十分腼腆，口中咕噜道："好好里一句闲话……真真歪嘴吹喇叭——一股邪气。"（《九尾龟》第四十二回）

外甥打灯笼——照旧（舅）

【释义】 "舅"与"旧"谐音。比喻跟原来一样，没有变化。

【例句】 侯扒皮气得眼珠子瞪圆。他左手朝大腿一拍："警告爷们，爷们是老虎推磨——不听那一套，对老百姓是外甥打灯笼——照旧（舅）！武工队你有能耐就施展吧，我姓侯的豁出去啦！"（冯志《敌后武工队》）

王八吃秤砣——铁了心

【释义】 指下定决心，决不改悔。

【例句】 没见着这小丫头有什么特别之处，但小虎王八吃秤砣——铁了心啦！非她不娶。

王八肚子上插鸡毛——归（龟）心似箭

【释义】 "龟"与"归"谐音。比喻想回家的心情十分急切。

【例句】 放下电话，伯通是王八肚子上插鸡毛——归（龟）心似箭，恨不得一步跑到家里。

王八看绿豆——对了眼了

【释义】 王八的眼睛很小，跟绿豆差不多，比喻双方看着满意，相互产生感情或说到一块了。

【例句】 陈白露："我并没有抓潘四，是他自己愿意来，我有什么办法？"顾八奶奶："反正是一句话：王八看绿豆——是对了眼了。"（曹禺《日出》2幕）

王八屁股——规(龟)定(腚)

【释义】"龟"与"规"、"腚"与"定"谐音。比喻对事物的方式方法、数量和质量等方面作出的决定。

【例句】收税官大声地呵斥着："税是必须交的，这是王八屁股——规定(龟腚)，谁也不能违抗。"

望乡台上打转游——不知死的鬼

【释义】比喻人处于危险境地，却不自知。

【例句】她们听到走廊里有抬桶子的哗啦声，还有狱中杂工——也许是宪兵之流骂街的声音："妈拉个巴子！望乡台上打转游——不知死的鬼！"（杨沫《青春之歌》）

望乡台上看牡丹——做鬼也风流

【释义】比喻死了还要贪恋女色。

【例句】有句俗话："望乡台上看牡丹——做鬼也风流。"白吃鬼这是在牛肚下，当然比望乡台环境好，所以他也不妨格外的风流一下，倒在邓大女人小白鞋边，爬不起来。（田间《宋村纪事》）

望乡台上弹琵琶——不知死活

【释义】比喻不知自己处于危险境地。

【例句】气的陈老甩，三步两跌扑过去，手指住她说："看你是望乡台上弹琵琶——不知死活！这已不是你李家压迫人的那世道了！你可有多大骨性！"（刘江《太行风云》）

桅杆顶上看人——把人看矮了

【释义】桅杆较高，在上面看人，人就显得矮了。比喻低估别人，瞧不起人。

【例句】你游泳游得好，但也别桅杆顶上看人——把人看矮了，我可是海边长大的。

窝头调个——现眼

【释义】窝头底下有个眼儿，翻过来就露出来了。比喻丢面子，出丑。

【例句】这个节目我可演不了，万一演砸了，我不是窝头调个——现眼吗?!

乌龟挨脚踩——痛在心里头

【释义】 乌龟壳硬,被踩后,壳不怕但心里疼。比喻表现平静,内心痛苦。

【例句】 他为公司干了这么多年,结果没落好,你看他没事人似的,其实是乌龟挨脚踩——痛在心里头。

乌龟变黄鳝——解甲归田

【释义】 乌龟脱去硬甲,变成黄鳝回到土里。比喻卸职返乡。

【例句】 若不是领导执意挽留,非要我负责这项目,我早就乌龟变黄鳝——解甲归田了。

乌龟打架——各(壳)顾各(壳)

【释义】 "壳"与"各"谐音。比喻只管照顾自己,不管别人。

【例句】 你谁也别指望,现在这时候,谁不是乌龟打架——各(壳)顾各(壳)呀!

乌龟垫床脚——硬撑

【释义】 比喻硬着头皮勉强支持着。

【例句】 我年岁大不说,精力也有限,让我管这一大摊子事真是乌龟垫床脚——硬撑啊。

乌龟撵兔子——越赶越远

【释义】 乌龟爬行缓慢,兔子却擅长跑跳,越追距离差得越远。比喻差距越来越大。

【例句】 你根本不是学这专业的,跟别人较劲,不是乌龟撵兔子——越赶越远,不如找个与你专业对口的行当。

乌龟摔在石板上——碰上硬的了

【释义】 比喻遇到了强硬的难对付的人或事。

【例句】 他借酒发疯,寻衅闹事,没想到撞上了街头巡警,这回是乌龟摔在石板上——碰上硬的了。

乌龟上岸遇雹子——缩头缩脑

【释义】 乌龟遭遇雹子,把头尾都缩进龟甲里。比喻顾虑多,胆小怕事。

【例句】 他天生怕事,优柔寡断,干什么都是乌龟上岸遇雹子——缩头缩脑。

乌拉草炒韭菜——乱七八糟

【释义】 比喻乱糟糟，混乱的样子。

【例句】 他的宿舍里连下脚地都没有，真的是乌拉草炒韭菜——乱七八糟。

屋漏又遭连阴天——祸不单行

【释义】 比喻灾祸连续不断。

【例句】 近来，单位效益不好，他自己又卧病在床，真是屋漏又遭连阴天——祸不单行啊。

武大郎的扁担——不长不短

【释义】 武大郎个子矮，用的扁担不能长又不能太短，比喻东西不合适。

【例句】 你这件衣服像武大郎的扁担——不长不短的，啥时候穿？

武大郎卖烧饼——晚出早归

【释义】 比喻晚些出去却又要早些回来，讽刺偷懒。

【例句】 他上班总迟到，一上班之前又溜了，真是武大郎卖烧饼——晚出早归呀。

武大郎捉奸——有心无力

【释义】 比喻空有愿望而无力实现。

【例句】 白花蛇："那用不着你托咐，多年的兄弟可就怕我武大郎捉奸——有心无力，帮不上你的忙！我有我自己的班子！"（老舍《方珍珠》）

X

西瓜装在油篓里——又圆又滑

【释义】 比喻人很圆滑，会讨好各方。

【例句】 "梅佐贤在我面前表示：他一定想办法维持生产，继续开伙，看上去，问题快解决了。""不，现在还不能乐观。杨佐贤这种人，是西瓜装在油篓里——又圆又滑！"（周而复《上海的早晨》）

稀饭拌浆糊——糊里糊涂

【释义】 稀饭与浆糊拌在一起,黏黏糊糊的。比喻人的思想及认识很混乱、模糊。

【例句】 朱闹闹被弄得稀饭拌浆糊——糊里糊涂。他几次欲言又止,终于耐不住了,还是壮着胆子问:"刀老弟,你这个火攻,岂不把我的缪娜,也烧死了吗?"(张作为《原林深处》)

洗脸盆里扎猛子——不知深浅

【释义】 洗脸盆盛水有限,不能扎猛子。比喻不明事理,做事没有分寸。

【例句】 这孩子胆太大,什么惊险的玩意都想试,真是洗脸盆里扎猛子——不知深浅。

戏台上做官——在位不长

【释义】 戏台上演员扮演官儿,戏散了,官儿就做不成了。比喻人在官位上待的时间很短。

【例句】 群众反映他搞不正之风,他这个官没做多久就给撤了,真像俗话说的戏台上做官——在位不长噢。

瞎子背拐子走——由你指点

【释义】 瞎子眼睛不好使但腿能走,而拐子腿不好使但眼睛没问题,瞎子背着拐子走路,要听拐子指点道路,指请别人帮忙指导。

【例句】 颠角牛就像是瞎子过河,蹬住底儿探着说:"瞎子背拐子走——由你给咱指点吧。"(刘江《太行风云》)

瞎子打瞌睡——不显眼

【释义】 比喻人或物不受注意,不容易被看到。

【例句】 教室里乱哄哄的,她安静地坐在一角,手里拿着书专注地看着,大家谁都没有注意她,真是瞎子打瞌睡——不显眼。

瞎子跟着笑——随声附和

【释义】 瞎子听到别人笑,就跟着别人笑。比喻没有主见,别人说什么,自己就跟着什么。

【例句】 领导说什么,他就跟着说什么,真是瞎子跟着笑——随声附和。

下雨天往家跑——轮(淋)不到你

【释义】 "淋"与"轮"谐音。比喻依照次序还没轮到。

【例句】 "这次出去旅游你就甭考虑去不去了。""为什么?""下雨天往家跑——轮(淋)不到你。"

咸菜拌豆腐——有言(盐)在先

【释义】 "盐"与"言"谐音。咸菜与豆腐拌在一起,因为咸菜是用盐腌制的,已经先有了盐分。比喻事先已把话说明,早就打了招呼。

【例句】 这项工作咱们是咸菜拌豆腐——有言(盐)在先,丑话说在心里,如果出了差错,可不留情面,一切按规章办。

橡皮人——能软能硬

【释义】 比喻人能屈能伸,刚柔相济。

【例句】 你就像个橡皮人——能软能硬,这个岗位很适合。

小葱拌豆腐——一清(青)二白

【释义】 "青"与"清"谐音。比喻清清楚楚,明明白白。

【例句】 小青记账记得可不含糊,从没出过差错,真可称得上小葱拌豆腐——一清二白。

小葱蘸酱——头朝下

【释义】 小葱蘸黄酱时,一般从葱头到葱尾。比喻头部在下面。

【例句】 他被别人猛地一推,一下子失去了平衡,像小葱蘸酱——头朝下地栽进了水池里。

小孩吃泡泡糖——吞吞吐吐

【释义】 小孩子在吃泡泡糖时，喜欢一会儿吃进去嚼嚼，一会儿吐出来吹泡泡。比喻说话不爽快，欲言又止的样子。

【例句】 找我有什么事就痛痛快快说吧，别像小孩吃泡泡糖——吞吞吐吐的。

小和尚念经——有口无心

【释义】 小和尚嘴上念诵着经文，实际并不了解意思，没用心。比喻嘴上爱说，心里没什么，或指嘴上随便乱说，心里却并没那样想。

【例句】 我是小和尚念经——有口无心，说错了你别生我的气。

小炉匠的家私——废铜烂铁

【释义】 比喻没什么值钱的东西。

【例句】 你瞧你这屋里，全是小炉匠的家私——废铜烂铁，多乱呀，还不赶紧清理。

蝎子的尾巴——太毒

【释义】 蝎子的后腹长有毒钩，用来御敌或捕食。比喻人心肠毒辣。

【例句】 他在村里做尽了坏事，村民们都说他是蝎子的尾巴——太毒了。

鞋底抹油——溜了

【释义】 比喻偷偷地走开。

【例句】 四梦儿，你回村是一条绝路；树挪死人挪活，你听我一句良言相劝，还是鞋底抹油——溜了吧！（刘绍棠《野婚》）

鞋帮做帽沿——高升

【释义】 用做鞋帮的材料改做帽沿，从脚下升到了头上，比喻人的职位由低到高，升迁了。

【例句】 如今他可是鞋帮做帽沿——高升了，你可要刮目相看呀。

写字不在行里——出了格

【释义】 比喻言语行动与众不同，超出常规。

【例句】 干财务可要按制度办事，不能写字不在行里——出了格。

心字头上一把刀——忍了吧

【释义】 比喻忍气吞声，不反抗。

【例句】 事情已然到了这一步，你就心字头上一把刀——忍了吧。

新媳妇坐在花轿里——任人摆布

【释义】 比喻听凭别人安排，个人不能自主。

【例句】 她便叫媳妇来问问，看看究竟怎么样，她们好有个打算。唉，逢到这种年头，真是新媳妇坐在花轿里——任人摆布啊！（丁玲《太阳照在桑干河上》）

熊瞎子掰苞米——掰一个掉一个

【释义】 比喻干这个，忘那个，丢三落四。

【例句】 课本上的知识都是环环相扣的，每一章每一节都要学扎实，不然，像熊瞎子掰苞米——掰一个掉一个，学一点忘一点，那么你所学的知识就不会是系统完整的，因而也就不能很好地应用。

Y

哑巴吃黄连——有苦说不出

【释义】 比喻人有苦衷却难以出口。

【例句】 再说，他和我是三七分账，我受了累，他自拿钱，我是哑巴吃黄连——有苦说不出！（老舍《四世同堂》）

哑巴打官司——有口难言

【释义】 哑巴与别人打官司，嘴上却说不出来。比喻有话不方便说出来。

【例句】 "先别让他知道，待生米煮成熟饭，他也只好哑巴打官司——有口难言。（梁沪生等《小巷名流》）

油炸麻花——干脆

【释义】 油炸麻花很酥脆，比喻直截了当，爽快利落。

【例句】 在这深山密林里，岂不是爬高梯摘月亮——空想。倒不如油炸麻花——干脆，凫过去。（张作为《原林深处》）

雨后送伞——空头人情

【释义】比喻假情假意。

【例句】"哼……哼……它早来了！我崔某用不着你雨后送伞——你这空头人情还是去孝敬你的姑奶奶吧。"（曲波《林海雪原》）

Z

凿磨匠打铁——不会看火色

【释义】石匠干活不用火，所以他来打铁，不会看火候。比喻不会察言观色、见机行事。

【例句】他的性子太直，说白了就是凿磨匠打铁——不会看火色，有些时候好心也干不了好事。

蘸了汽油的柴禾——一点就着

【释义】比喻脾气暴躁，容易发火。

【例句】他这个人像蘸了汽油的柴禾——一点就着，说着说着就急了，这谁受得了。

张飞吃豆芽——小菜

【释义】比喻极易办到，不费吹灰之力。

【例句】让他干这事，简直是张飞吃豆芽——小菜，你就放心吧。

张飞翻脸——吹胡子瞪眼

【释义】比喻生气发怒的样子。

【例句】不知道谁惹着经理了，经理一下子张飞翻脸——吹胡子瞪眼的，大家可要小心啰。

丈二和尚——摸不着头脑

【释义】比喻不知到底是怎么回事，不知缘由。

【例句】"这也对呀！你是怎样估计呢？我刚来，真是丈二和尚——摸不着头脑！你的估计怎样？你读读看。"陈坚欣然地说。（吴强《红日》）

丈二宽的大褂子——大摇（腰）大摆

【释义】"腰"与"摇"谐音。丈二宽的上衣，腰身和下摆都很宽大。比喻神气十足，满不在乎的样子。

【例句】会议室里正在开会，可他却丈二宽的大褂子——大摇（腰）大摆地闯了进去。

芝麻开花——节节高

【释义】比喻越来越强，越来越好。

【例句】等到姑爷回来，外孙女儿不但补考得到双百，而且要从初中二年级起，芝麻开花——节节高，日新月异全班拔尖儿。（刘绍棠《野婚》）

周瑜打黄盖——一个愿打一个愿挨

【释义】《三国演义》写赤壁之战中，东吴黄盖为火攻曹营，跟周瑜商定苦肉计，让周瑜打了他五十大板，然后到曹操那里去诈降，骗曹操中计。比喻双方都愿意。

【例句】"这是真打吗？那哪能知道？他们一东一伙，都是看透三国志的人。要我说，那一耳刮子，也是周瑜打黄盖——一个愿打，一个愿挨。"（周立波《暴风骤雨》）

猪八戒耍把式——倒打一耙

【释义】比喻自己出了问题不承认，反而诬陷别人。

【例句】哈哈，你还猪八戒耍把式——倒打一耙，我不吃这一套，你唬不住我！（蒋子龙《赤橙黄绿青蓝紫》）

猪八戒照镜子——里外不像人

【释义】比喻两方面都受埋怨，夹在中间受气。

【例句】这一回，郭驴套的"套"已败露，两头不落一头，闹得猪八戒照镜子——里外不像人。（《沙浪河的涛声》）

竹篮打水——一场空

【释义】比喻希望落空,一无所获。

【例句】谁承望的,咱一心一意等着革命军过来,把冯老兰打倒,给运涛和春兰成亲。咳,这一来,竹篮打水——一场空了。(梁斌《红旗谱》)

拽着胡子过河——谦虚(牵须)

【释义】指说谦虚的话。

【例句】曹国荣这时凑上来说:"叫我说,你们都是拽着胡子过河——太谦虚(牵须)了。一句话,互相学习!"(张孟良《血溅津门》)

嘴上抹石灰——白吃

【释义】比喻不付出代价,白白享受吃喝。

【例句】月娇垂下头去,她心里十分苦恼。明摆着的事:一家老小上了杨二大爷的船,都成了嘴巴上抹石灰——白吃的主儿。(鲍昌《庚子风云》)

做梦娶媳妇——光想好事

【释义】比喻主观想得挺好,却不一定能实现。

【例句】嘿,见见他?你想得多美!简直是做梦娶媳妇——光想好事!"未决犯"不能和亲属见面!这是法院的规矩,你懂不懂?(柳溪《功与罪》)